AF345472

WILHELM VON OCKHAM

Summe der Logik

Aus Teil I: Über die Termini

Ausgewählt, übersetzt und mit
Einführung und Anmerkungen
herausgegeben von
PETER KUNZE

Lateinisch - Deutsch

FELIX MEINER VERLAG
HAMBURG

PHILOSOPHISCHE BIBLIOTHEK BAND 363

Im Digitaldruck »on demand« hergestelltes, inhaltlich mit der ursprünglichen Ausgabe identisches Exemplar. Wir bitten um Verständnis für unvermeidliche Abweichungen in der Ausstattung, die der Einzelfertigung geschuldet sind.

Bibliographische Information der Deutschen Nationalbibliothek

Die Deutsche Nationalbibliothek verzeichnet diese Publikation in der Deutschen Nationalbibliographie; detaillierte bibliographische Daten sind im Internet abrufbar über ‹http://portal.dnb.de›.
ISBN 978-3-7873-4309-6
ISBN eBook: 978-3-7873-3292-2

2., verbesserte Auflage 1999

INHALT

WILHELM VON OCKHAM
Summe der Logik

Eine Auswahl aus

EINFÜHRUNG

Erst seit den Forschungen Boehners ist man sich der besonderen historischen Bedeutung der Sprachphilosophie Wilhelms von Ockham (ca. 1285–1349) bewußt geworden, und man bemüht sich seither – meist rückblickend vom Standpunkt der modernen Logik aus – um eine vertiefende Betrachtung seines philosophischen Denkansatzes, welcher – folgt man einem bekannten philosophiegeschichtlichen "Etikett" – als Höhepunkt des sog. "Nominalismus" gilt.[1] Ockhams "Summe der Logik", die vermutlich in der zweiten Hälfte des Jahres 1324 in London entstanden und für den Unterricht im Rahmen der für Theologen obligatorischen Philosophieausbildung verfaßt worden ist, stellt trotz ihrer vielfältigen Bezüge auf die antike und mittelalterliche Tradition eines der eigenständigsten Werke der Logik dar. Da es Ockham in diesem Werk um die Begründung seines Verständnisses der Allgemeinbegriffe als bloßer Namen der Dinge ebenso geht wie um die Reflexion der sprachlichen Zeichenfunktion überhaupt, markiert es nicht nur den Wendepunkt der mittelalterlichen Sprachlogik von der *via antiqua* zur *via moderna*, sondern es ist auch ein Zeugnis jenes "Umbruches" innerhalb der Philosophie des 14. Jahrhunderts, wie er vielleicht am deutlichsten im Gegensatz von Vernunft- und Offenbarungswissenschaft, Philosophie und Theologie, deutlich wird.

Der um 1285 in der Grafschaft Surrey geborene Ockham, Mitglied des Franziskanerordens, setzt sich nach Vorlesungen zur Bibelauslegung zum ersten Mal in seinem Kommentar zu den "Sentenzen" des Petrus Lombardus kritisch mit dem "begriffsrealistischen" Standpunkt in der Universalienfrage auseinander, wonach ein allgemeiner Terminus für eine "allgemeine Natur" stehe, die von den

---

[1] Zur ersten Orientierung über die Fülle von Literatur zu diesem Thema vgl. die Literaturauswahl, unten S. XXI ff.

konkreten Einzeldingen selbst unterschieden werden kann. Quellen zum Verständnis seiner sprachlogischen Überlegungen sind aber auch die vor 1323 entstandenen Kommentare zur aristotelischen Logik sowie eine umfangreiche Sammlung von sprachphilosophisch-theologischen Problemanalysen (*Quodlibeta septem*). Die eigentliche Auseinandersetzung mit den Theorien seiner Vorläufer und "Gegner" führt Ockham jedoch erst innerhalb der *Summa logicae*, in welcher er nicht nur eine Reduktion komplexer Sprachphänomene auf den singulären Satz als "Normalfall" der Satzaussage vornimmt, sondern zugleich die Verwendungsweise der Allgemeinbegriffe im Sinne ihrer (nachträglichen) Abstraktion von konkret existierenden Einzeldingen herausarbeitet.

Doch mit manchen seiner Forschungsergebnisse gerät Ockham in Widerspruch zur kirchlichen Lehre. So hat sich John Lutterell, der Kanzler der Universität Oxford, schon im Jahre 1323 nach Avignon begeben, um Ockham vor dem Heiligen Stuhl etlicher Irrlehren wegen anzuklagen, die man in dessen Sentenzenkommentar entdeckt zu haben glaubte. Zwar bleibt das Verfahren vor dem Inquisitionsgericht, vor das Ockham 1324 selbst nach Avignon zitiert wird, zunächst ohne greifbares Ergebnis; die Anklage hat jedoch zur Folge, daß ihm die offizielle theologische Lehrbefugnis zeitlebens verwehrt bleibt. Nach seinem Engagement im "Armutsstreit" zwischen Franziskanerorden und Papst flieht Ockham 1328 aus Avignon in die Obhut Ludwigs des Bayern, dessen abwehrende Haltung gegenüber dem weltlichen Machtanspruch des Papstes er sich zu eigen macht und in einer Reihe politischer Schriften vehement verteidigt, wobei er die Gleichrangigkeit von Laienstand und Klerus vor Gott betont. Ockham hat München nicht mehr verlassen. Seit seiner Flucht aus der Kirche ausgeschlossen, stirbt er im Jahre 1347 oder 1349 vermutlich am "Schwarzen Tod".

Wie sehr der von Ockham begründete "moderne" Ansatz der Wissenschaft, auf den im folgenden in aller Kürze eingegangen werden soll, mit der tradierten Methode metaphysischer Spekulation in Konflikt geraten ist, zeigt

vielleicht am deutlichsten die abweisende Reaktion der zeitgenössischen Philosophen: "Nun ist uns aber ... zur Kenntnis gekommen, daß einige Angehörige unserer Fakultät der freien Künste, die gewissen verderblichen Spitzfindigkeiten anhängen, nicht vom festen Felsen der Wahrheit ausgehen und mehr wissen wollen als nötig ist, gewisse ungesunde Keime auszustreuen suchen, aus denen künftig unerträgliche Irrtümer nicht nur im Bereich der Philosophie, sondern auch im Bereich der Heiligen Schrift erwachsen könnten."[2] Es ist u.a. die Neukonzeption der Logik und Philosophie durch Ockham und den zu neuer Bedeutung gelangten Nominalismus, gegen welche sich jene Sätze des berühmten Statuts der Pariser Artistenfakultät vom 29. Dezember 1340 richten. Nur vordergründig auf die Abwehr "gewisser Spitzfindigkeiten" bedacht, betrifft das hier ausgesprochene Verbot eine geistige Bewegung, die den Zugang zu philosophischen Problemlösungen nicht mehr von großartigen Synthesen der metaphysischen Spekulation erwartet, in der vielmehr die bislang anerkannten Axiome der Tradition erkenntniskritisch analysiert und im Blick auf die ihnen bisher zugeschriebene Beweiskraft hinterfragt werden. Dabei geht es weniger um ein "mehr wissen wollen", als vielmehr um die Suche nach einem festen Standpunkt der Wissenschaft, von dem aus der Philosoph jene Fragen zu stellen wagt, die für die Erkenntnis der Wahrheit "nötig sind". Dieser mit dem Namen Ockhams verknüpfte, die Schriften der Tradition jedoch integrierende, "neue Weg" der mittelalterlichen Sprachlogik, die sich schon immer im Sinne einer Wissenschaftspropädeutik verstanden hat, zielt ab auf eine selbstkritische Abgrenzung von theologischer und philosophischer Methode. Demgegenüber hat noch die Scholastik des 13. Jahrhunderts vieles dem Bereich von Glaubenswahrheiten zugewiesen, was die Logik und das ihr verwandte analytische Denken nunmehr allein

---

[2] Zit. nach: R. Paqué: Das Pariser Nominalistenstatut. Quellen und Studien zur Geschichte der Philosophie des 14. Jahrhunderts. Berlin, 1970, S. 9.

dem Aufgabenbereich des Logikers zuschlägt. Es wird zu
einem der Hauptanliegen der nominalistischen Schulrich-
tung, jene Verwirrung von Metaphysik und Logik wieder
aufzuheben, wobei sich Ockham auf die ältere Konzeption
der Logik als einer Analyse der formalen Struktur sprachlicher Äußerungen berufen kann (z.B. bei Peter Abaelard).

Vor dem Hintergrund der von Thomas von Aquin geschaffenen Synthese aus Theologie und Philosophie mag
sich das Denken des 14. Jahrhunderts allerdings als "Zerstö-
rung" all dessen ausgenommen haben, was zuvor als ver-
nunftgemäß begründetes Glaubenssystem zu höchster Har-
monie gebracht worden war. So rührt die Sprachphilosophie Ockhams mit ihrer als "spitzfindig" geschmähten
Analyse zunächst an Grundelemente der wissenschaftlichen
Aussage, z.B. die logische Struktur der lateinischen Wissenschaftssprache und die Bedeutung der sie jeweils
konstituierenden Termini. Es wird zur erklärten Sache der
Philosophie, sich dessen zu vergewissern, wovon in einem
Satz überhaupt die Rede ist. Das intuitiv als richtig Erkann-
te genügt nicht länger dem Anspruch philosophischer Reflexion, es muß auf seine logische Wahrheit hin befragt
werden. Hat es der wissenschaftliche Beweis mit Sätzen zu
tun, von denen allein sich nach Ockham Wahrheit oder
Falschheit aussagen lassen, so ist jeder, der sich theologisch
oder philosophisch verbindlich äußert, verpflichtet, die
Frage nach den Wahrheitsbedingungen der von ihm ver-
wendeten Sätze und "Setzungen" zu stellen. Über Wahrheit
und Falschheit solcher Sätze ist aber nur dann Klarheit zu
erlangen, wenn man sich der Eindeutigkeit ihrer Termini
versichert, d.h. wenn man kritische Analyse der Sprache
betreibt, angefangen von den Subjekts- und Prädikatsaus-
drücken der Sätze bis hin zu vollständigen Schlußfolgerungen. Dem Schema der aristotelischen Logik entsprechend
(Kategorienlehre, Hermeneutik, Syllogistik, Fehlschlußlehre), reicht daher auch der Aufbau der "Summe der Logik" Ockhams, deren erstem Teil die vorliegende Textauswahl entnommen ist, von einer allgemeinen Theorie des
sprachlichen Zeichens und seiner Verwendung (Teil I)

über die Satzlehre (Teil II) hin zur Analyse des logischen Beweises sowie der Theorie der Fehlschlüsse (Teil III).[3]

Das, was das Statut von 1340 als "unnötiges Mehrwissen" verurteilt, soll in Wahrheit einer kritischen Selbstbeschränkung und Neukonzeption der Philosophie im Interesse von Glauben und philosophischem Denken dienen. So ist zwar die Allmacht Gottes für Ockham eine allein im Glauben erfahrbare Tatsache; dies heißt jedoch nicht, daß eine derartige Glaubensaussage für das Philosophieren ohne Folgen bliebe. Im Denken Ockhams verbinden sich vielmehr Theologie, Philosophie und politische Theorie zu einer Einheit unabhängiger, aber doch stets aufeinander bezogener Bereiche. Die erkenntniskritische Analyse der Sprache zielt dabei ab auf eine radikale "Reinigung" der christlichen Theologie von Elementen der griechischen und islamischen Philosophie, m.a.W., der christliche Glaube soll der Intention Ockhams nach auf die eigentlichen biblischen Offenbarungsinhalte zurückgeführt werden.

Nimmt die Erkenntniskritik ihren Ausgang bei einer Analyse jener für die Wissenschaft als "Äußerungsmittel" unverzichtbaren lateinischen Sprache, so wendet sich Ockham folgerichtig zuerst logischen Fragestellungen zu.

Den mittelalterlichen Streit um die Seinsweise der Allgemeinbegriffe, den sog. "Universalienstreit", versucht Ockham dabei dadurch zu lösen, daß er die Universalien — wie vor ihm schon Denker des 12. Jahrhunderts — als bloße Namen für einander ähnliche Einzeldinge begreift, ihnen aber auch eine besondere "psychische Realität" zuschreibt, die über den Vorgang rein abstraktiver Begriffsbildung hinausweist. Grundlage der Erkenntnis der Wirklichkeit ist dabei allein die Wahrnehmung singulärer Dinge. Es gibt für Ockham außerhalb des menschlichen Intellektes nichts, was nicht ein Einzelding ist und nicht mit der Vernunft erfaßt werden kann. Das intuitive Erkennen der Einzeldinge, ihre sinnliche Wahrnehmbarkeit, bildet die Voraussetzung für die erst nachträglich erfolgende, abstrahierend verfah-

---

[3] Zur Begründung dieser Textauswahl und zur Systematik der "Summe der Logik", vgl. unten S. XV ff.

rende Erkenntnis des Allgemeinen als eines Universalbegriffs. Dieser Theorie folgend, bedarf es nach Ockham zur Klärung dessen, was ein Allgemeinbegriff eigentlich bezeichnet, keiner Annahme einer "Realität" des Allgemeinen außerhalb des Intellektes, dessen selbständige "Existenz" weder der Erfahrung nach beweisbar noch gemäß der biblischen Offenbarung vorauszusetzen ist. Diese Beschränkung auf das zur Erkenntnis "Notwendige" entspricht Ockhams Forderung nach größtmöglicher "Ökonomie" wissenschaftlicher Erklärungssysteme. Führt Ockham dabei metaphysische Vorannahmen auf empirische Grundtatsachen zurück, wobei er mit dem "Rasiermesser" seines Verstandes den "Bart" der Metaphysiker soll "geschoren" haben, so bewahrt dieses Reduktionsverfahren, dem im Statut vorgeworfen wird, ins Verderben zu führen, davor, von rein sprachlichen Phänomenen, etwa den Allgemeinbegriffen, unzulässigerweise auf eine ihnen zugrundeliegende Realität zu schließen. Daß es zu irreführenden Vergegenständlichungen rein sprachlicher Erscheinungen kommen kann (Universalienrealismus), hat seine Ursache nach Ockham vor allem in der Indienstnahme der Philosophie zur Absicherung theologischer Hypothesen. In seiner Analyse macht Ockham die Frage nach den Voraussetzungen wahrer Rede zum Anliegen von Wissenschaft und Theologie, wobei er mit der — in unserer Textauswahl vorgestellten — Lehre von der Verwendung sprachlicher Ausdrücke im Satz, der sog. Suppositionstheorie, zunächst den Terminus als Element der logischen Schlußfolgerung in den Mittelpunkt rückt.

Zugleich entwirft Ockham eine Semantik, die die Zeichenleistung der Sprache als demonstratives Benennen von Einzeldingen definiert. Jede über dieses "Hinweisen" hinausgehende Bezugnahme sprachlicher Ausdrücke ereignet sich nur als metasprachliche Verständigung über jene Zeichen, welche die konkreten Einzeldinge unmittelbar repräsentieren. Nach Ockham besteht die Leistung der Satzaussage in der differenzierenden Benennung eines oder mehrerer singulärer Dinge, auf welche sich Subjekt und Prädikat des betreffenden Satzes zutreffend beziehen. Der wahre

Satz bringt dabei die "Identität" der durch seine Termini repräsentierten Einzeldinge zum Ausdruck. Fundament der Wahrheit bildet also nicht, wie die Universalienrealisten behaupten[4], die repräsentierte Wirklichkeit selbst, Wahrheit ist vielmehr nur ein Phänomen der die Wirklichkeit benennenden Sprachzeichen und ihrer Kombination. Die Suppositionstheorie, die die Eigenschaft der kontextuellen Verwendung des Terminus untersucht, liefert dabei eine Propädeutik des logischen Schlußverfahrens, insofern sie sich der grundlegenden Analyse der Wahrheitsbedingungen korrekter Schlußfolgerungen zuwendet, wie sie für jede Form wissenschaftlicher Erkenntnis unerläßlich sein dürfte.

Das Bemühen um eine Rückführung aller Erkenntnisvorgänge auf singuläre, empirisch nachweisbare Tatsachen findet bei Ockham seinen Ausdruck aber auch in der zunehmenden Formalisierung der für die lateinische Sprache erprobten Regeln und Analyseverfahren. Gerade bei dieser Aufgabe weiß sich Ockham der mittelalterlichen Tradition verbunden, deren bewährten Lehraussagen er dadurch neue Aktualität zu geben hofft, daß er Methoden der sprachlichen Analyse, wie sie bereits das 12. Jahrhundert hervorgebracht hat, präzisiert. So sind es Logiker wie Peter Abaelard oder John of Salisbury gewesen, die zweihundert Jahre zuvor die besondere Aufgabe der Logik darin erkannt haben, mehrdeutige Sätze der religiösen und wissenschaftlichen Sprache über ein System ergänzender Regeln auf ihren jeweils gültigen bzw. intendierten Bedeutungsgehalt zuzurückführen und damit erst für das logische Schlußverfahren geeignet zu machen.[5]

Die Vielzahl von Traktaten über die "Eigenschaften der Termini" (*De proprietatibus terminorum*) belegt für diesen Zeitraum eine gegenüber der aristotelischen Satzanalyse be-

---

[4] Vgl. hierzu auch S. 152, Anm. 65.

[5] Vgl. zur Einführung in das sprachlogische Denken Abaelards die Übersetzung von Textauszügen der *Logica Ingredientibus* sowie des Prologs zu *Sic et non*. In: Flasch, K. (Hg.): Mittelalter (= Geschichte der Philosophie in Text und Darstellung. Hg. v. R. Bubner, Bd. 2), Stuttgart, 1982, 233 – 269.

reits weiterentwickelte Theorie, die aber erst mit dem 13.
Jahrhundert zur Herausbildung einer umfangreichen Kompendienliteratur geführt hat.[6] Gegenüber den genannten,
streng formalen Theorien der Satzwahrheit bemühen sich
jedoch die Verfasser jener Logikhandbücher, Roger Bacon,
William of Shyreswood, Petrus Hispanus u.a., erneut um
eine "ontologische" Begründung der Zeichenfunktion des
Terminus, wobei sie sich von der Konzeption einer rein
kontextbezogenen Sprachanalyse wieder entfernen. Gegen
diese die Logik des 13. Jahrhunderts kennzeichnende Ver-
mischung von formaler Satzanalyse und ontologischer Begründung der Zeichenfunktion der Allgemeinbegriffe wenden sich – im Rückgriff auf den frühen Nominalismus –
Denker wie Ockham, Johannes Buridan und Albert von
Sachsen. Doch bei aller Gegensätzlichkeit bezüglich der
Universalienfrage, wie sie vor allem im unterschiedlichen
Verständnis der *suppositio simplex* zum Tragen kommt, sind
sich Ockham und sein "begriffsrealistischer" Widersacher
Walter Burleigh, auf den im Anmerkungsteil ausführlich
Bezug genommen wird[7], stets darin einig geblieben, daß
eine Überarbeitung der traditionellen Logikhandbücher
unerläßlich sei, weil sich deren Aussagen nicht mehr im
Rahmen einer formalen Analyse der Satzwahrheit gehalten

[6] Vgl. hierzu auch in den "Anmerkungen des Herausgebers" die Anmerkung 29.

[7] Vgl. hierzu auch: Walter Burleigh, *Von der Reinheit der Kunst der
Logik. Erster Traktat. Von den Eigenschaften der Termini.* Übersetzt und mit
Einführung und Anmerkungen herausgegeben von Peter Kunze. Lat.-
deutsch. Philos. Bibl. Bd. 401, Hamburg, Meiner, 1988. Burleighs maßgeb-
liche Beteiligung am philosophischen Disput zwischen *via antiqua* und
moderna zu Beginn des 14. Jahrhunderts wird schon an der großen Anzahl
seiner logischen und naturphilosophischen Schriften deutlich. So lassen
sich sowohl Kommentare und Untersuchungen zur Logik des Aristoteles
als auch eigenständige logische Traktate in ihrer inhaltlichen Weiterent-
wicklung verfolgen (1302–1337), wobei vor allem die Auseinandersetzung
mit Ockham eine Rolle spielt.

Geboren um 1274/75 (Burley-in-Wharfedale, Yorkshire) – also zum
Zeitpunkt des Todes Thomas von Aquins – studierte Walter Burleigh
kurz vor der Jahrhundertwende an der Oxforder Artistenfakultät. Zwar ist
kaum anzunehmen, daß Burleigh dort gemeinsam mit Ockham weilte,
doch gibt es Hinweise darauf, daß auch er ein Schüler des Johannes Duns

haben. Die im Nominalistenstatut von 1340 mit dem Verdikt belegte Trennung von Theologie und Philosophie führt damit zur Herausbildung jener "modernen Logik", die sich als von metaphysischen Implikationen gereinigtes Verfahren begreift und von der "antiquierten" Methode Abstand nimmt, welche sich zu solch radikalem Weiterfragen nach den Wahrheitsbedingungen von Sätzen noch nicht durchzuringen vermochte. Es liegt in der Konsequenz dieser Neubestimmung der Logik, daß sich sonst einander bekämpfende Denker, wie Ockham und Burleigh, als Logiker auf die "ontologische Neutralität" ihrer Theorien berufen haben, ein Zeichen dafür, daß die formale Satzanalyse im 14. Jahrhundert trotz der Kontroversen in der Universalienfrage in den Mittelpunkt des Interesses der Logik rückt.

Aufgrund ihrer historischen Bedeutung und ihres Einflusses auf die europäische Geistesgeschichte gibt es inzwischen — wie schon seit längerem im englischsprachigen Raum — eine Reihe deutscher Übersetzungen der philosophischen sowie anderer Schriften Ockhams.[8] Gleichwohl setzt deren Lektüre ein hohes Maß an Bereitschaft des Lesers voraus, sich auf die Komplexität der lateinischen Wissenschaftssprache Ockhams einzulassen, die vor allem

Scotus gewesen ist. Seit 1310 finden wir Burleigh an der Pariser Universität, wo er um 1324 zum Magister der Theologie ernannt wird; es folgt die Mitgliedschaft an der Sorbonne (um 1327 Doktor der Theologie). Während seiner Pariser Zeit (bis 1327), die von großer philosophischer Aktivität gekennzeichnet ist, entwickelt Burleigh seine entschiedene Stellungnahme gegen die Schule der *moderni* und ihren geistigen Kopf, Wilhelm von Ockham. Bis zum Jahre 1339 führen Burleigh wiederholte Gesandtschaften für den englischen König, Edward III., an den päpstlichen Hof in Avignon. Nach 1343 verlieren sich Hinweise auf Leben und Tätigkeit des *doctor planus et perspicuus*. Möglicherweise ist Burleigh um 1344 in England oder auch in Paris verstorben.

[8] Es sei auf die von R. Imbach besorgte zweisprachige Ausgabe zur Erkenntnis- und Wissenschaftstheorie Ockhams verwiesen (mit Auszügen aus der "Summe der Logik", dem "Sentenzenkommentar" und dem "Physikkommentar"): Wilhelm von Ockham. Texte zur Theorie der Erkenntnis und der Wissenschaft. Lat./Dt. Hg., übers. und komm. Von R. Imbach, Stuttgart, Reclam, ²1996. Eine umfassende Auswahl aus Ockhams

in ihrer "Formelhaftigkeit" ein rasches Verständnis erschweren kann. Mit der vorliegenden zweisprachigen Textauswahl soll daher der Versuch unternommen werden, Grundgedanken der Sprachphilosophie Ockhams dem Interessierten sowohl im zuverlässigen Original als auch in Form einer kommentierten Übersetzung nahezubringen. Da man inzwischen sowohl auf die kritische Edition der Werke Ockhams (St. Bonaventure Institut, New York) als auch auf eine Vielzahl vertiefender Forschungsanalysen zurückgreifen kann, hat der Herausgeber auf eine Übersetzung des vollständigen Werkes verzichtet. Die vorliegende Auswahl aufeinander folgender, vollständiger Kapitel aus dem ersten Teil der "Summe der Logik" dienen somit eher einer Einführung in das sprachlogische Denken Ockhams.

Wie schon erwähnt, bietet die *Summa logicae* ein umfassendes logisches Instrumentarium für die Analyse sprachlicher Außerungen, angefangen von den Elementen des Satzes, den Termini und ihrer Bedeutung bzw. Verwendbarkeit im Satz — Universalienlehre, Semantik und Suppositionstheorie — (Teil I), über ihre mögliche Kombination in den verschiedenen Typen von Sätzen (Teil II) bis hin zu den einzelnen Arten von Schlußfolgerungen (Teil III,1: *De syllogismo simpliciter;* III,2: *De syllogismo demonstrativo;* III,3: *De consequentiis)* und Fehlschlüssen (III,4).

Nicht zuletzt dem Interesse der modernen Logik und

bedeutendster politischer Schrift hat J. Miethke vorgelegt: Wilhelm v. Ockham. Dialogus. Auszüge zur politischen Theorie. Ausgewählt, übersetzt und mit einem Nachwort versehen von Jürgen Miethke (= Bibliothek klassischer Texte). Darmstadt, 1992.

Abgesehen von abschnittweisen Übersetzungen im Rahmen der Sekundärliteratur hat Ph. Boehner Auszüge der *Summa logicae* ins Englische übertragen; vgl. Ph. Boehner: Ockham. Philosophical Writings. A Selection edited and translated by. Ph. Boehner. New York, 1962. Eine vollständige Übersetzung des ersten Teiles dieses Werkes findet sich bei M. Loux: Ockham's Theory of Terms. Part I of the Summa logicae. Translated and Introduced by M.J. Loux. Notre Dame, London, 1976. Eine englische Ausgabe des zweiten Teiles der "Summe" unternahmen Freddoso, A. / Schuurman, H.: Ockhams Theory of Propositions (Part II of the Summa logicae). Notre Dame, London, 1980.

Semantik folgend, die eigene Entstehungsgeschichte auch in ihren Anfängen zu erhellen, schienen diejenigen Kapitel der *Summa logicae* für eine Textauswahl besonders geeignet, in denen es Ockham, ganz im Sinne einer Propädeutik des logischen Schlußverfahrens, um die allgemeine Definition des Terminus, die formale Unterscheidung von begrifflicher, gesprochener und geschriebener Sprache sowie um die verschiedenen Verwendungsweisen des Terminus im Kontext des Satzes geht, wie sie im Rahmen der mittelalterlichen "Suppositionstheorie" untersucht worden ist.

Die Kapitel 1–4 und 63–77 des ersten Teiles der "Summe der Logik" wurden aber auch deshalb ausgewählt, weil sie in besonderem Maße jenes als "spitzfindig" geschmähte Analyseverfahren Ockhams veranschaulichen, das sich mit der Bedeutung und Verwendung der die Wissenschaftssprache konstituierenden Termini ebenso befaßt wie mit der Reflexion auf die Bedingungen der Wahrheit von Sätzen. In den *Kapiteln 1–4* erläutert Ockham zunächst, wie er Art und Funktion der allein zur Verfügung stehenden "Äußerungsmittel" der lateinischen Sprache, der Termini, verstanden wissen will.[9] Die ausgewählten Texte zeigen, daß Ockham eine aus "Intentionen" (*intentiones animae*) konstruierte "mentale Sprache" als idealtypisches, d.h. eindeutiges und widerspruchsfreies, Medium der Wissenschaft – und damit als eigentlichen Gegenstand logischer Analyse definiert. Seine Theorie der verschiedenen "Artikulationsebenen" sprachlicher Äußerungen (mentale, gesprochene, geschriebene Sprache) geht jedoch davon aus, daß die als ideal angenommene Mentalsprache immer nur als "natürliche", d.h. gesprochene oder geschriebene Sprache zur Verfügung stehen bzw. wahrgenommen werden kann. Somit bildet für den Logiker die Analyse der — stets mehrdeutigen — lateinischen Sprache den Ausgangspunkt seiner Untersuchungen; allein in der konkret geäußerten

---

[9] Ausführliche Erläuterungen zum Inhalt des Textes und den Möglichkeiten seiner Interpretation finden sich im Anschluß an die Übersetzung in den "Anmerkungen des Herausgebers", S. 163 ff.

Sprache findet er das Material vor, aus dem das zugrundeliegende "Gedachte" eindeutig erschlossen werden muß. Diese Analyse soll es erst in einem weiteren Schritt ermöglichen, die sprachlichen Zeichen, die Termini, so zu verwenden, daß mit ihnen und ihrer Verbindung jeweils ein mentaler Satz (der Idealsprache) korrekt repräsentiert wird.

Die dazu notwendige Kenntnis über die verschiedenen Möglichkeiten der Verwendung von sprachlichen Ausdrücken im Kontext des Satzes, ihrer "Supposition", vermitteln die *Kapitel 63–77* der vorliegenden Textauswahl. Nicht von ungefähr finden sich Elemente der hier entwikkelten *Suppositionstheorie* an den verschiedensten Stellen des theologischen und philosophischen Werkes Ockhams wieder. Diese Lehraussagen erleichtern jedoch nicht nur das Verständnis seines philosophischen Denkens, sie sind auch für die Interpretation der Sprachlogik des 14. Jahrhunderts sowie des nominalistischen Standpunktes in der Universaliendebatte von entscheidender Bedeutung. So lassen sich aus Ockhams Analyse der kontextuellen Verwendbarkeit eines Terminus die grundlegenden Aussagen seiner "extensionalen" Semantik herausarbeiten, wenn er z.B. am Falle der *suppositio personalis* die signifikative Funktion sprachlicher Zeichen differenziert beschreibt. Die Theorie der Supposition liefert darüberhinaus aber auch die Grundlagen für eine Logik der Prädikation, durch die die Klassifikation von Satztypen und der für die Wissenschaft unerläßliche Nachweis gültiger Schlußfolgerungen und Beweise erst möglich wird. Da Ockham zudem die Theorie der Verwendbarkeit sprachlicher Ausdrücke im Kontext des Satzes mit dem Nachweis der wahren bzw. falschen Satzaussage in Verbindung bringt, können die hier vorgestellten Kapitel auch als Elemente einer umfassenderen Theorie der Satzwahrheit (Identitätstheorie) verstanden werden.

Der folgende Überblick erfaßt die Ausgaben jener Werke Wilhelms von Ockham, die für die Entwicklung und Darstellung seiner sprachlogischen Positionen von besonderer Bedeutung sind:

Elementarium logicae. Hg. v. E. M. Buytaert. In: Franciscan Studies 25 (1965)151–276; 26 (1966) 66–173.

Expositio aurea et admodum utilis super Artem veterem edita per venerabilem inceptorem fratrem Guillelmum de Occham cum questionibus Alberti parvi de Saxonia. O.J., Republished in New Jersey, 1964.

Expositio super libros Elenchorum. Hg. v. F. Del Punta. In: Guillelmi de Ockham, Opera Philosophica et Theologica ad fidem codicum manuscriptorum edita, cura Instituti Franciscani Universitatis S. Bonaventurae. Opera Philosophica III, St. Bonaventure, 1979.

Expositio in Librum Perihermenias Aristotelis. Expositiones in libros artis logicae prooemium. In: Ders., l.c., Opera Philosophica II, St. Bonaventure, 1978.

Quodlibeta septem. Hg. v. J.C. Wey. In: Ders., l.c., Opera Theologica IX, St. Bonaventure, 1980.

Scriptum in Librum Primum Sententiarum. Distinctiones I – XLVIII. In. Ders., l.c., Opera Theologica I–IV, St. Bonaventure, 1967–79.

Summa logicae. Hg. v. Ph. Boehner, G. Gál, St.F. Brown. In: Ders., l.c. Opera Philosophica I, St. Bonaventure, 1974.

Tractatus logicae minor. Hg. v. E. M. Buytaert. In: Franciscan Studies 24 (1964) 34–100.

Der Übersetzung ist der kritisch edierte Text der Werkausgabe Wilhelms von Ockham mit freundlicher Genehmigung des St. Bonaventure-Instituts, New York, zugrundegelegt.[10] Dem Bedürfnis nach einer Textausgabe folgend, die auch in Seminaren Verwendung finden kann, hat sich der Herausgeber entschlossen, den lateinischen Originaltext der deutschen Übersetzung unmittelbar gegenüberzustellen.

Die auf der Innenseite der Kolumnenzeile über dem lateinischen Text stehenden Ziffern geben die jeweilige Seite der Werkausgabe an, die Schrägstriche im Text den Seiten-

---

[10] W. v. Ockham, *Summa logicae,* Hg. v. Ph. Boehner, G. Gál, St. F. Brown. In: Guillelmi de Ockham, Opera Philosophica et Theologica ad fidem codicum manuscriptorum edita, cura Instituti Franciscani Universitatis S. Bonaventurae. Opera Philosophica I, St. Bonaventure, 1974.

übergang in der Werkausgabe. Die Hinweisziffern im deutschsprachigen Text verweisen auf die "Anmerkungen des Herausgebers" zur Sprachlogik Ockhams, wobei Quellenangaben der Werkausgabe mitberücksichtigt werden. Die "Anmerkungen des Herausgebers" geben auch allgemeine Hinweise zur Tradition der Logik des Mittelalters; sie beziehen die Kompendienliteratur des 13. Jahrhunderts mit ein, sofern ihre Aussagen dem kritischen Neuansatz der Logik Ockhams zugrundeliegen. Zugleich werden jene Erläuterungen aufgenommen, die die unmittelbare Auseinandersetzung zwischen Universalienrealismus und -nominalismus in der ersten Hälfte des 14. Jahrhunderts betreffen, wie sie vor allem in der Kontroverse zwischen Ockham und seinem "Widersacher" Walter Burleigh auf dem Gebiet der Suppositionstheorie sichtbar geworden ist. Dies erschien auch deshalb als sinnvoll, weil sich Ockham in seinem Werk sowohl um eine Integration der logischen Überlieferung bemüht, als auch — unter dem Vorzeichen einer Erneuerung des "Nominalismus" — heftige Kritik an ihrer zeitgenössischen Erscheinungsweise übt.

Was Stil und Wortwahl der Übersetzung betrifft, so habe ich angesichts der dem Leser zugänglichen lateinischen Fassung einen Mittelweg zwischen terminologischer Texttreue und sinngemäßer Texterschließung zu gehen versucht. Da ich die textkritische Fassung des Franciscan Institute mit ihrer allgemein anerkannten, jedoch nicht unproblematischen Interpunktion (vgl. die Verwendung des Doppelpunktes bzw. der Silbe ly für Wort- und Satzerwähnung bei materialer Supposition) unverändert übernommen habe, folge ich ihr auch bei der Übersetzung.

Vorbemerkung zur zweiten Auflage

Mit Erscheinen dieser zweiten Auflage möchte sich der Herausgeber bei denjenigen bedanken, die mit ihren kritischen Hinweisen hilfreiche Anregungen zur Verbesserung gegeben haben, neben Prof. Dr. Jan P. Beckmann vor allem Prof. Dr. Hermann Weidemann sowie Dr. Christoph Kann.

Peter Kunze   August 1999

LITERATURAUSWAHL

Abbagnano, E.: Guglielmo di Ockham. Lanciano, 1931.

Adams, M. McCord: What does Ockham mean by 'supposition'. In: Notre Dame Journal of Formal Logic 17 (1976) 375 — 391.

—: William Ockham. 2 Bde. Notre Dame, 1987.

Andres, T. de: La significacion 'representativa' en Guillermo de Ockham. In: Pensamiento 24 (1968) 375 — 381.

—: El nominalismo de Guillermo de Ockham como Filosofía del lenguaje. Madrid, 1969.

Ashworth, E.J.: Priority of Analysis and Merely Confused Supposition with Reference to William of Ockham. In: Franciscan Studies 33 (1973) 38 — 41.

Baudry, L.: Les rapports de Guillaume d´Occam et de Walter Burleigh. In: Archives d´histoire doctrinale du moyen âge 9 (1934) 155 —173.

—: Le Texte de la Summa totius Logicae. In: Mediaeval Studies 9 (1947) 301–304.

—: Lexique philosophique de Guillaume d' Ockham. Études et notions fondamentales. Paris, 1958.

Beckmann, J. P.: W. v. Ockham: Die Philosophie unter dem Anspruch strenger Wissenschaftlichkeit. In: Kluxen, W. (Hg.): Thomas v. Aquin im philosophischen Gespräch. Freiburg — München, 1975, 245 — 255 und 276 — 279.

—: Das Subjekt–/Prädikatschema und die Frage nach der Möglichkeit von Metaphysik bei W. v. Ockham. In: Franziskanische Studien 59 (1977) 1 — 14.

—: 'Scientia proprie dicta': Zur wissenschaftstheoretischen Grundlegung der Philosophie nach Wilhelm v. Ockham. In: Beckmann, J.P. u.a. (Hgg.): Sprache und Erkenntnis im Mittelalter. Berlin — New York, 1981, Bd. 2, 637 — 647.

—: Ockham — Bibliographie 1900 — 1990. Hamburg, 1992.

—: Wilhelm von Ockham. München, 1995.

Boehner, Ph.: Zur Echtheit der Summa logicae Ockhams. In: Franziskanische Studien 26 (1939) 190 — 193.

—: Ockham's Theory of Signification. In: Franciscan Studies 6 (1946) 143 — 170.

—: Ockham's Theory of Supposition and the Notion of Truth. In: Franciscan Studies 6 (1946) 261 — 292.

—: The Realistic Conceptualism of William Ockham. In: Traditio 4 (1946) 307 — 335.

—: Three Sums of Logic attributed to William Ockham. In: Franciscan Studies 11 (1951) 173 — 193.

—: Medieval Logic. An Outline of its Development from 1250 — 1400. Manchester, 1952.

—: Collected Articles on Ockham. Edited by E.M. Buytaert O.F.M. Published by the Franciscan Institute. St. Bonaventure, N.Y., Louvain, Paderborn, 1958.

—: A Medieval Theory of Supposition (unvollendet). In: Franciscan Studies 18 (1958) 240 — 289.

Boehner, Ph. / Gál, G. / Brown, St.: Guillelmi de Ockham. Summa logicae. In: G. d .O. Opera Philosophica I, 7* — 73* (= introduction). St. Bonaventure, 1974.

Boh, I.: Burleigh and Ockham: An Ontological Confrontation. In: Proceedings of the VIIth Inter-American Congress of Philosophy, Bd. 2. Québec, 1968, 255 — 262.

Brown, St.F.: Walter Burleys Treatise 'De suppositionibus' and its influence on William of Ockham (= Einleitung). In: Franciscan Studies 32 (1972) 15 — 64.

Buytaert, E.M.: The Tractatus logicae minor of Ockham. In: Franciscan Studies 24 (1964) 34 — 100.

—: The Elementarium logicae of Ockham. In: Franciscan Studies 25 (1965) 151 — 276.

—: Guillelmi Ockham Elementarium logicae. In: Franciscan Studies 26 (1966) 66 — 173.

Enders, H.W.: Sprachlogische Traktate des Mittelalters und der Semantikbegriff. Ein historisch-systematischer Beitrag zur Frage der semantischen Grundlegung formaler Systeme. (Veröff. d. Grabmann-Institutes zur Erforschung der mittelalterlichen Theologie und Philosophie, Hg. v. M. Schmaus, W. Dettloff, R. Heinzmann, Neue Folge, 20) München / Paderborn / Wien, 1975.

—: Nominalistische Positionen und ihre Entwicklung im mittelalterlichen Universalienstreit. In: Wissenschaft und Weisheit (1976) 189 — 219.

Flasch, K. (Hg.): W.v. Ockham. In: Ders.: Das Mittelalter. (Geschichte der Philosophie in Text und Darstellung. Hg.v. R. Bubner, Bd. 2), Stuttgart, 1982, 455 — 481.

Freddoso, A. / Schuurman, H. (Hgg.): Ockham's Theory of Propositions (Part II of the Summa logicae). Notre Dame, 1980.

Geach, P.T.: Reference and Generality. An examination of some Medieval and Modern Theories. Ithaca, 1962.

Die Gegenwart Ockhams. Hg. Von W. Vossenkuhl und R. Schön-
berger. Weinheim, 1990.

Gethmann–Siefert, A.: Nominalismus. Wissenschaftliche Tagung des
Engeren Kreises der Allgemeinen Gesellschaft für Philosophie in
Deutschland. In: Allgemeine Zeitschrift für Philosophie 1 (1977)
65 – 72.

Giacon, C.: La suppositio en Guglielmo di Occam e il valore reale
delle scienze. In: Arts libéraux et philosophie au moyen âge, 939
– 947 Montreal – Paris, 1969.

Gilbert, N.W.: Ockham, Wyclif and the 'via moderna'. In: Miscella-
nea Mediaevalia, Bd. 9: Antiqui und Moderni. Traditionsbewußt-
sein und Fortschrittsbewußtsein im späten Mittelalter. Hg. v. A.
Zimmermann, 85 – 125. Berlin – New York, 1974.

Henry, D.P.: The early history of 'suppositio'. In: Franciscan Studies
23 (1963) 205 – 212.

–: Ockham, Supposition and Modern Logic. In: Notre Dame Journal of Formal Logic 5 (1964) 290 – 292.   [don, 1972.

–: Medieval Logic and Metaphysics. A modern introduction. Lon-

Imbach, R.: Wilhelm Ockham. In: Klassiker der Philosophie. Bd. 1.
Hg. v. O. Höffe. München, 1981, 220 – 244.   [Hamburg, 1968.

Junghans, H.: Ockham im Lichte der neueren Forschung. Berlin –

Kaczmarek, L.: Promitto tibi equum. In: Dutz, K.D. / Kaczmarek, L.
(Hg.), Rekonstruktion und Interpretation. Problemgeschichtliche
Studien zur Sprachtheorie von Ockham bis Humboldt. Tübingen,
1985, 53 – 89.

Kann, Chr.: Die Eigenschaften der Termini. Eine Untersuchung zur
Perutilis logica Alberts von Sachsen. Studien und Texte zur
Geistesgeschichte des Mittelalters. Hg. V. A. Zimmermann, Bd.
XXXVII. Leiden. New York. Köln, 1994

Kaufmann, M.: Begriffe, Sätze, Dinge. Referenz und Wahrheit bei
Wilhelm von Ockham. Leiden, 1994.

Karger, E.: Conséquences et inconséquences de la supposition vide
dans la logique d'Ockham. In: Vivarium 16 (1978) 46 – 55.

Kneale, W.& M.: The Development of Logic. Oxford, 1962.

Kretzmann, N.: Semantics, History of. Art. in: The Encyclopedia of
Philosophy. Ed. by P. Edwards, vol. 7, 385 – 406. New York –
London, 1967.

Kunze, P.: Satzwahrheit und sprachliche Verweisung. Walter Burleighs Lehre von der *suppositio termini* in Auseinandersetzung mit
der mittelalterlichen Tradition und der Logik William's of Ockham. Phil.Fak.Diss., Freiburg i.Br., 1980.

Leff, G.: The XIVth century and the decline of scholasticism. In: Past
and Present 9 (1956) 30 – 41.

–: William of Ockham. The metamorphosis of scholastic discourse. Manchester University Press, 1975.

Leffler, Oliver: Wilhelm von Ockham: Die sprachphilosophischen Grundlagen seines Denkens (= Franziskanische Forschungen; H. 40). Werl/Westfalen: Dietrich – Coelde – Verl., 1995

Loux, M.J.: Ockham's Theory of Terms. Part I of the Summa logicae. Transl. and introd. by M.J. Loux. University of Notre Dame Press. Notre Dame, London, 1976.

Matthews, G.B.: Ockham's Supposition Theory and Modern Logic. In: The Philosophical Review 73 (1964) 91 – 99.

–: Suppositio and Quantification in Ockham. In: Noûs 7 (1973) 13 – 24. McCanles, M.: Peter of Spain and William of Ockham. From Metaphysics to Grammar. In: The Modern Schoolman 43 (1965/66) 133 – 141.

Meier-Oeser, St.: Die Spur des Zeichens. Das Zeichen und seine Funktion in der Philosophie des Mittelalters und der frühen Neuzeit. (= Quellen und Studien zur Philosophie, Hg. V. J. Mittelstraß u.a., Bd. 44), Berlin. New York, 1997　　　　　　　[Paris, 1994.

Michon, C.: Nominalisme. La théorie de la signification d' Occam.

Miethke,J.: Ockham's Weg zur Sozialphilosophie. Berlin, 1970.

Moody, E.A.: The Logic of William of Ockham. London, 1935.

–: Truth and Consequence in Medieval Logic. Amsterdam, 1953.

–: Studies in Medieval Philosophy, Science and Logic. Collected Papers 1933 – 1969. Berkeley, Los Angeles, London, 1975.

Perler, D.: Der propositionale Wahrheitsbegriff im 14. Jahrhundert. Berlin, 1992.

–: (Hg.) Satztheorien. Texte zur Sprachphilosophie und Wissenschaftstheorie im 14. Jhdt., lat.-dt. hg., übersetzt u. kommentiert v. D. Perler, Darmstadt, 1990.

Pinborg, J.: Die Entwicklung der Sprachtheorie im Mittelalter. (= Beiträge zur Geschichte der Philosophie und Theologie des Mittelalters) Münster, Kopenhagen, 1967.

–: Logik und Semantik im Mittelalter. Ein Überblick. Stuttgart, 1972.

–: Some Problems of Semantic Representations in Medieval Logic In: History of Linguistic Thought and Contemporary Linguistics. Ed. by Herman Parret, 254 – 278. Berlin, New York, 1976.

Price, R.: William of Ockham and suppositio personalis. In: Franciscan Studies 30 (1970) 131 – 140.

Priest, G. / Read, S.: The Formalization of Ockham's Theory of Supposition. In: Mind 86 (1977) 109 – 113.

Richter, V.: Zu Ockhams naturphilosophischen Schriften. In: Proceedings of the XVth World Congress of Philosophy. Varna 1973, 815 – 818. Sofia. 1975.

—: Zu Ockham's Entwicklung in der Universalienfrage. Bemerkungen im Zusammenhang mit dem Problem der Chronologie, Abfassungszeit und Authentizität Ockham's nichtphilosophischer Schriften. In: Philosophisches Jahrbuch 82 (1975) 177 — 187.

—: Ockham und Moderni zur Universalienfrage. In: Zeitschrift für kathol. Theologie 100 (1978) 247 — 250.

Salamucha, J.: Die Aussagenlogik bei Wilhelm v. Ockham. In: Franziskanische Studien 32 (1950) 97 — 134.   [ham. Weinheim, 1992.

Schulthess, P.: Sein, Signifikation und Erkenntnis bei Wilhelm v. Ock-

Spade, P.V.: Ockhams rule of supposition. Two conflicts in his theory. In: Vivarium 12 (1974) 63 — 73.

—: Some Epistemological Implications of the Burley — Ockham Dispute. In: Franciscan Studies 35 (1975) 212 — 222.

—: Five texts on the mediaeval problem of universals: Porphyry, Boethius, Abelard, Duns Scotus, Ockham / translated and edited by Paul Vincent Spade. Indianapolis, Ind., Cambridge, 1994

Streveler, P.A.: Ockham and his critics on: Intuitive cognition. In: Franciscan Studies 35 (1975) 223 — 236.

Swiniarski, J.: A New Representation of Ockham's Theory of Supposition with an Evaluation of Some Contemporary Criticisms. In: Franciscan Studies 30 (1970) 181 — 217.

Trentman, J.: Simple Supposition and Ontology. A Study in XIVth Century Logical Theory. Unveröff. Diss. der University of Minnesota, 1964 (Diss. Abstr. 25, 1965. No. 4194).

—: Ockham on Mental. In: Mind 79 (1970) 586 — 590.

Turnbull, R.G.: Ockham's Nominalistic Logic. Some Twentieth Century Reflections. In: The New Scholasticism 36 (1962) 313 — 329.

Versace, G.: La Teoria della 'suppositio simplex' in Occam e in Burley. In: Atti del Convegno di Storia della Logica. Parma, 8.— 10.10. 1972, 195 — 202. Padua, 1974.

Wilhelm von Ockham, Dialogus. Ausgew., übers. u. mit einem Nachwort vers. V. J. Miethke. Darmstadt, 1992.

Wilhelm von Ockham, Texte zur Theorie der Erkenntnis und der Wissenschaft. Lat. — dt. Hg., übers. u. komm. von R. Imbach. Stuttgart, ²1996.

Weidemann, H.: William of Ockham on Particular Negative Propositions. In: Mind 88 (1979) 270 — 275.

—: Wilhelm von Ockhams Suppositionstheorie und die moderne Quantorenlogik. In: Vivarium 17 (1979) 43 — 60.

—: 'Scholasticorum taediosa circa suppositiones praecepta': Leibniz und die Problematik der Suppositionstheorie Ockhams. In: Archiv für Geschichte der Philosophie 73 (1991) 243 — 260

WILHELM VON OCKHAM

Summa logicae

Summe der Logik

I

De terminis — Über die Termini

[CAP. 1. De definitione termini et eius divisione
in generali]

Omnes logicae tractatores intendunt astruere quod argumenta ex propositionibus et propositiones ex terminis componuntur. Unde terminus aliud non est quam pars propinqua propositionis. Definiens enim terminum Aristoteles, I *Priorum,* dicit: "Terminum voco in quem resolvitur propositio, ut praedicatum et de quo praedicatur, vel apposito vel diviso esse vel non esse".

Sed quamvis omnis terminus pars sit propositionis, vel esse possit, non omnes termini tamen eiusdem sunt naturae; et ideo ad perfectam notitiam terminorum habendam oportet aliquas divisiones terminorum praecognoscere.

Est autem sciendum quod sicut secundum Boethium, in I *Perihermenias,* triplex est oratio, scilicet scripta, prolata et concepta, tantum habens esse in intellectu, sic triplex est terminus, scilicet scriptus, prolatus et conceptus. Terminus scriptus est pars propositionis descriptae in aliquo corpore, quae oculo corporali videtur vel videri potest. Terminus prolatus est pars propositionis ab ore prolatae et natae audiri aure corporali. Terminus conceptus est intentio seu passio animae aliquid naturaliter significans vel consignificans, nata esse pars propositionis mentalis, et pro eo-

KAP. 1. Zur Definition und allgemeinen Einteilung
des Terminus

Alle Verfasser logischer Abhandlungen versuchen zu beweisen, daß logische Schlußfolgerungen aus Sätzen, die Sätze ihrerseits aber aus Termini bestehen. Der Terminus ist daher nichts anderes als der unmittelbare Teil eines Satzes. Zur Definition des Ausdruckes "Terminus" sagt Aristoteles im ersten Buch seiner *Analytica priora*: "Ich nenne dasjenige einen Terminus, worin sich ein Satz auflösen läßt, nämlich das Prädikat sowie das, wovon dieses ausgesagt wird, sofern behauptet oder verneint wird, daß irgendetwas der Fall ist oder nicht."[1]

Obgleich aber jeder Terminus Teil eines Satzes ist oder dies sein kann, sind dennoch nicht alle Termini von gleicher Natur. Zum Zweck einer vollständigen Kenntnis der Termini ist es daher nötig, vorher einige Unterteilungen der Termini kennenzulernen.

Nach Boethius' *Kommentar zum ersten Buch von Perihermeneias* gibt es aber drei Arten von Satzbildungen[2]: die geschriebene, die gesprochene und die begriffliche, welche nur im Intellekt vorkommt. Entsprechend gibt es auch drei Arten von Termini: den geschriebenen, den gesprochenen und den begrifflichen Terminus. Der geschriebene Terminus ist Teil eines Satzes, der auf einem Material niedergeschrieben wurde, den man also mit dem körperlichen Auge wahrnimmt oder wahrnehmen kann. Der gesprochene Terminus ist Teil eines mündlich vorgetragenen Satzes; er kann mit dem Gehör wahrgenommen werden. Der begriffliche Terminus ist eine Intention bzw. ein Eindruck der Seele, der irgendetwas von Natur aus bezeichnet oder mitbezeichnet und Teil eines mentalen Satzes sein sowie für dasselbe (was er bezeichnet) supponieren kann[3]. Diese begrifflichen Termini sowie die aus ihnen gebildeten Sätze

dem nata supponere. Unde isti termini concepti et propositiones ex eis compositae sunt illa verba mentalia quae beatus Augustinus, XV *De Trinitate,* dicit nullius esse linguae, quia tantum in mente manent et exterius proferri non possunt, quamvis voces tamquam signa subordinata eis pronuntientur exterius.

Dico autem voces esse signa subordinata conceptibus seu intentio/nibus animae, non quia proprie accipiendo hoc vocabulum 'signa' ipsae voces semper significent ipsos conceptus animae primo et proprie, sed quia voces imponuntur ad significandum illa eadem quae per conceptus mentis significantur, ita quod conceptus primo naturaliter significat aliquid et secundario vox significat illud idem, in tantum quod voce instituta ad significandum aliquid significatum per conceptum mentis, si conceptus ille mutaret significatum suum eo ipso ipsa vox, sine nova institutione, suum significatum permutaret. Et pro tanto dicit Philosophus quod voces sunt "earum quae sunt in anima passionum notae". Sic etiam intendit Boethius quando dicit voces significare conceptus. Et universaliter omnes auctores, dicendo quod omnes voces significant passiones vel sunt notae earum, non aliud intendunt nisi quod voces sunt signa secundario significantia illa quae per passiones animae primario importantur, quamvis aliquae voces primario important passiones animae seu conceptus, quae tamen secundario important alias animae intentiones, sicut inferius ostendetur. Et sicut dictum est de vocibus respectu passio-

entsprechen daher jenen mentalen Ausdrücken, von denen Augustin in *De Trinitate* Kap. 15 sagt, daß sie eigentlich keiner Sprache angehören[4]. Denn sie kommen allein im Geiste vor und können nach außen nicht vorgetragen werden, wenngleich die ihnen als untergeordnete Zeichen zukommenden gesprochenen Wörter nach außen vorgetragen werden können.

Ich sage aber von den gesprochenen Wörtern, sie seien Zeichen, die den Begriffen bzw. Intentionen der Seele untergeordnet sind, nicht weil bei einem eigentlichen Verständnis von "Zeichen" gesprochene Wörter stets zuallererst und im eigentlichen Sinne Begriffe der Seele bezeichneten, sondern deshalb, weil man gesprochene Wörter verwendet, um mit ihnen dasselbe zu bezeichnen, was auch durch die mentalen Begriffe bezeichnet wird, und zwar in der Weise, daß der Begriff etwas zuallererst und von Natur aus bezeichnet, während das gesprochene Wort dieselbe Sache erst in zweiter Hinsicht bezeichnet[5]. Wird also ein gesprochenes Wort eingesetzt, damit es etwas bezeichnet, was (auch) durch den Begriff des Geistes bezeichnet wird, so gilt: Wechselte der Begriff das, was er bezeichnet, so wechselte allein aufgrund dieser Tatsache auch das (ihm untergeordnete) gesprochene Wort das, was es bezeichnet, ohne daß es dazu einer erneuten (Namen-)Setzung bedürfte. In diesem Sinne sagt Aristoteles, daß die gesprochenen Wörter "Zeichen der Eindrücke der Seele" sind[6]. Das gleiche meint auch Boethius, wenn er sagt, daß gesprochene Wörter Begriffe bezeichnen[7]. Allgemein verstehen alle Autoren, denen gemäß gesprochene Wörter immer Eindrücke der Seele bezeichnen oder als deren Zeichen dienen, darunter nichts anderes, als daß gesprochene Wörter dasjenige in zweiter Hinsicht bezeichnen, was durch die Eindrücke der Seele zuallererst gemeint wird. Es gibt jedoch auch einige gesprochene Wörter, die selbst zuallererst Eindrücke bzw. Begriffe des Intellektes meinen, während sie in zweiter Hinsicht andere Intentionen der Seele meinen, wie später noch nachgewiesen wird[8]. Alles aber, was bisher über die Beziehung zwischen gespro-

num seu intentionum seu conceptuum, eodem modo proportionaliter, quantum ad hoc, tenendum est de his quae sunt in scripto respectu vocum.

Inter istos autem terminos aliquae differentiae reperiuntur. Una est quod conceptus seu passio animae naturaliter significat quidquid significat, terminus autem prolatus vel scriptus nihil significat nisi secundum voluntariam institutionem. Ex quo sequitur alia differentia, videlicet quod terminus prolatus vel scriptus ad placitum potest mutare suum significatum, terminus autem conceptus non mutat suum significatum ad placitum cuiuscumque.

Propter tamen protervos est sciendum quod signum dupliciter accipitur. Uno modo pro omni illo quod apprehensum aliquid / aliud facit in cognitionem venire, quamvis non faciat mentem venire in primam cognitionem eius, sicut alibi est ostensum, sed in actualem post habitualem eiusdem. Et sic vox naturaliter significat, sicut quilibet effectus significat saltem suam causam; sicut etiam circulus significat vinum in taberna. Sed tam generaliter non loquor hic de signo. Aliter accipitur signum pro illo quod aliquid facit in cognitionem venire et natum est pro illo supponere vel tali addi in propositione, cuiusmodi sunt syncategoremata et verba et illae partes orationis quae finitam significationem non habent, vel quod natum est componi ex ta-

chenem Wort und den Eindrücken, Intentionen oder Begriffen gesagt wurde, gilt in gleicher Weise auch für die geschriebenen in ihrer Beziehung zu den gesprochenen Wörtern.

Zwischen diesen Termini zeigen sich allerdings gewisse Unterschiede. Zum einen bezeichnet ein Begriff bzw. Eindruck der Seele immer das, was er bezeichnet, von Natur aus. Dagegen bezeichnen ein gesprochener oder geschriebener Terminus etwas immer nur aufgrund einer Sprecherintention. Hieraus folgt ein weiterer Unterschied: bei einem gesprochenen oder geschriebenen Terminus kann das, was er bezeichnet, nach Belieben wechseln, bei einem begrifflichen Terminus hingegen kann das, was er bezeichnet, nicht nach irgend jemandes Belieben wechseln[9].

Besonders Spitzfindigen gegenüber ist jedoch festzuhalten, daß "Zeichen" auf zweifache Weise verwendet wird. *Zum einen* gilt all das als "Zeichen", was, sofern es erfaßt wird, etwas von ihm selbst Verschiedenes zur Kenntnis bringt. Dabei bringt es den Intellekt jedoch nicht, wie an anderer Stelle gezeigt wurde, zur ersten Kenntnisnahme einer Sache, sondern nur zu einer aktuellen Kenntnisnahme dessen, was zuvor bereits habituell bekannt war[10]. Diesem Verständnis von "Zeichen" entsprechend bezeichnet auch der gesprochene Ausdruck von Natur aus etwas, so wie jede Wirkung zumindest ihre Ursache bezeichnet; auf ähnliche Weise bezeichnet z.B. der (aufgehängte) Reifen eines Fasses den Wein in der Schenke. Ich spreche an dieser Stelle jedoch nicht von "Zeichen" in einem solch allgemeinen Sinne. *Zum anderen* gilt dasjenige als "Zeichen", was (1) irgendetwas zur Kenntnis bringt und für jenes supponieren kann oder was (2) einem solchen Ausdruck in einem Satz hinzugefügt werden kann – etwa die synkategorematischen Ausdrücke, die Verben und jene Teile einer Satzbildung, denen selbst keine bestimmte Bezeichnung zukommt)[11] –, oder aber (3) dasjenige, was aus diesen beiden Arten von Zeichen gebildet werden kann, nämlich die Satzbildung

libus, cuiusmodi est oratio. Et sic accipiendo hoc vocabulum 'signum' vox nullius est signum naturale.

[CAP. 2. De divisione termini, et quod diversimode potest accipi hoc nomen 'terminus' in speciali]

Est autem sciendum quod hoc nomen 'terminus' tripliciter accipitur. Uno modo vocatur terminus omne illud quod potest esse copula vel extremum propositionis categoricae, subiectum videlicet vel praedicatum, vel etiam determinatio extremi vel verbi. Et isto modo etiam una propositio potest esse terminus, sicut potest esse pars propositionis. Haec enim vera est 'homo est animal: est propositio vera', in qua haec tota propositio 'homo est animal' est subiectum, et 'propositio vera' est praedicatum. Aliter accipitur hoc nomen 'terminus' secundum quod distinguitur contra orationem; et sic omne incomplexum vocatur terminus. Et sic de termino in praecedenti capitulo sum locutus. Tertio modo accipitur 'terminus' praecise et magis stricte pro illo quod significative sumptum potest esse subiectum vel praedicatum propositionis. Et isto modo nullum verbum, nec coniunctio nec adverbium nec prae/positio nec interiectio est terminus; multa etiam nomina non sunt termini, scilicet nomina syncategorematica, quia talia quamvis possint esse extrema propositionum si sumantur materialiter vel simpliciter, quando tamen sumuntur significative non possunt esse extrema propositionum. Unde ista oratio 'legit: est verbum' congrua est et vera si hoc verbum 'legit' sumatur materialiter, si autem significative su-

selbst. Diesem Verständnis des Ausdruckes "Zeichen" gemäß ist ein gesprochener Ausdruck von Natur aus keinerlei Zeichen von irgendetwas.

KAP. 2. Zur Einteilung des Terminus und den verschiedenen Verwendungsweisen des Ausdruckes Terminus im besonderen

Der Ausdruck "Terminus" wird aber auf dreifache Weise verwendet. *Zum einen* nennt man all das Terminus, was Kopula oder Satzglied, d.h. Subjekt oder Prädikat, eines kategorischen Satzes sein kann, ebenso aber auch jeden ein Satzglied oder Verb näher bestimmenden Ausdruck. Nach diesem Verständnis vermag auch ein vollständiger Satz als Terminus zu fungieren, insofern er Teil eines (anderen) Satzes sein kann. So ist der folgende Satz wahr: "'Der Mensch ist ein Lebewesen' ist ein wahrer Satz", wobei der vollständige Satz "Der Mensch ist ein Lebewesen" das Subjekt, der Ausdruck "ein wahrer Satz" aber das Prädikat bilden. *In einem zweiten Sinn* unterscheidet man den Ausdruck "Terminus" gegenüber der (vollständigen) Satzbildung. Hiernach gilt jeder inkomplexe Ausdruck als Terminus. Diesem Verständnis gemäß habe ich Terminus im vorausgegangenen Kapitel verwendet. *In einem dritten, sehr präzisen Sinn* versteht man unter einem Terminus dasjenige, was seiner Bezeichnung nach Subjekt oder Prädikat eines Satzes sein kann[12]. Hiernach gelten weder ein Verb noch eine Konjunktion oder ein Adverb oder eine Präposition oder eine Interjektion als Termini. Auch gibt es viele Wörter, die nicht als Termini gelten, z.B. die synkategorematischen Ausdrücke. Diese können zwar das Subjekt oder Prädikat eines Satzes bilden, wenn sie entweder in materialer (d.h. für sich selbst) oder in einfacher Supposition (d.h. für eine Intention der Seele) stehen[13]. Dies ist jedoch nicht möglich, wenn man sie ihrer Bezeichnung nach auffaßt. So ist die Satzbildung: "'Liest' ist ein Verb" nur dann grammatisch korrekt und wahr, wenn "liest" hier für sich selbst (als Wortgebilde)

meretur non intelligibilis esset. Similiter est de talibus 'omnis: est nomen'; 'olim: est adverbium'; 'si: est coniunctio'; 'ab: est praepositio'. Et isto modo accipit Philosophus terminum quando definit terminum I *Priorum*.

Non solum autem unum incomplexum potest esse terminus, sic accepto termino, sed etiam compositum ex duobus incomplexis, scilicet compositum ex adiectivo et substantivo; et etiam compositum ex participio et adverbio vel praepositione cum suo casuali potest esse terminus, sicut potest esse subiectum vel praedicatum propositionis. In ista enim propositione 'omnis homo albus est homo' nec 'homo' nec 'albus' est subiectum, sed hoc totum 'homo albus'. Similiter hic 'currens velociter est homo' nec 'currens' nec 'velociter' est subiectum, sed hoc totum 'currens velociter'.

Est autem sciendum quod non tantum nomen acceptum in recto potest esse terminus, sed etiam casus obliquus potest esse terminus, quia potest esse subiectum propositionis et etiam praedicatum. Verumtamen obliquus non potest esse subiectum respectu cuiuscumque verbi: non enim bene dicitur 'hominis videt asinum', quamvis bene dicatur 'hominis est asinus'. Quomodo autem et respectu quorum verborum potest obliquus esse subiectum et respectu quorum non, ad grammaticum pertinet, cuius est constructiones vocum considerare. /

verwendet wird. Würde man dieses Verb dagegen signifikativ verwenden, so ergäbe der Satz keinen Sinn. Ähnliches gilt für folgende Beispiele: "'Jeder' ist ein Nomen"; "'Früher' ist ein Adverb"; "'Wenn' ist eine Konjunktion"; "'Von' ist eine Präposition". Diesem zuletztgenannten Sinne gemäß definiert Aristoteles den Terminus im ersten Buch der *Analytica Priora*[14].

Nach einer solchen Auffassung kann jedoch nicht nur ein einfacher (d.h. nicht-zusammengesetzter), sondern auch ein aus zwei einfachen Ausdrücken zusammengesetzter Ausdruck als Terminus fungieren: z.B. die Verbindung von Adjektiv und Substantiv. Auch kann die Verbindung aus einem Partizip und einem Adverb oder einer Präposition mit ihrem deklinierten Substantiv als Terminus fungieren, so wie sie Subjekt oder Prädikat eines Satzes sein kann. So bilden in dem Satz: "Jeder weiße Mensch ist ein Mensch" weder "Mensch" noch "weiß" (für sich selbst genommen) das Subjekt, sondern nur der zusammengesetzte Ausdruck "weißer Mensch". Ähnlich gelten in folgendem Satz: "Der schnell Laufende ist ein Mensch" weder "der Laufende" noch "schnell" allein als Subjekt, sondern nur der zusammengesetzte Ausdruck "der schnell Laufende".

Man muß aber wissen, daß ein Nomen nicht nur im Nominativ, sondern auch in seinen abgeleiteten Kasus als Terminus fungieren kann, da es auch in diesen Fällen Subjekt oder Prädikat eines Satzes sein kann. Allerdings kann es als Wort mit abgeleitetem Kasus nicht im Zusammenhang mit jedem beliebigen Verb den Subjektsausdruck bilden. So ist es (im Lateinischen) nicht möglich zu sagen: "Hominis videt asinum" (Eines Menschen sieht den Esel), während dies für den Satz: "Hominis est asinus" (Einem Menschen gehört der Esel) möglich ist[15]. Auf welche Weise jedoch und in bezug auf welche Verben ein Wort mit abgeleitetem Kasus als Subjekt verwendet werden kann oder nicht, geht den Grammatiker an, dessen Aufgabe es ist, die (grammatischen) Konstruktionen der Wörter zu analysieren[16].

[CAP. 3. De divisione termini incomplexi]

Visa aequivocatione istius nominis 'terminus' prosequendum est de divisionibus termini incomplexi. Unde non solum terminus incomplexus dividitur in terminum prolatum, scriptum et conceptum, sed etiam singula membra consimilibus divisionibus subdividuntur. Nam sicut vocum quaedam sunt nomina, quaedam sunt verba, quaedam sunt aliarum partium, quia quaedam sunt pronomina, quaedam participia, quaedam adverbia, quaedam coniunctiones, quaedam praepositiones, et consimiliter est de scriptis, sic intentionum animae quaedam sunt nomina, quaedam verba, quaedam sunt aliarum partium, quia quaedam sunt pronomina, quaedam adverbia, quaedam coniunctiones, quaedam praepositiones.

Utrum autem participiis vocalibus et scriptis correspondeant in mente quaedam intentiones a verbis distinctae potest esse dubium, eo quod non videtur magna necessitas talem pluralitatem ponere in mentalibus terminis. Nam verbum et participium verbi sumptum cum hoc verbo 'est' semper videntur in significando aequivalere. Propter quod sicut nominum synonymorum multiplicatio non est propter necessitatem significationis inventa, sed propter ornatum sermonis vel aliam causam consimilem accidentalem, quia quidquid per omnia synonyma significatur posset per unum illorum exprimi sufficienter, et ideo multitudo conceptuum tali pluralitati synonymorum non correspondet, ita videtur quod distinctio inter verba vocalia et participia non est propter necessitatem expressionis inventa, propter quod videtur quod non oportet participiis vocalibus distinctos conceptus in mente correspondere. Et de pronominibus posset esse consimilis dubitatio.

KAP. 3. Zur Einteilung des inkomplexen Terminus

Nachdem die vielfache Bedeutung des Ausdruckes "Terminus" behandelt wurde, folgen nun die Einteilungen des inkomplexen Terminus. Nicht allein in bezug auf den inkomplexen Terminus kann man zwischen gesprochenem, geschriebenem und begrifflichem Terminus unterscheiden, sondern es werden auch die einzelnen Wortarten in entsprechender Weise untergliedert. Wie es nämlich sowohl unter den gesprochenen als auch unter den geschriebenen Wörtern Nomina, Verben, sowie andere Teile des Satzes gibt, z.B. Pronomina, Partizipien, Adverbien, Konjunktionen und Präpositionen, so finden sich auch unter den Intentionen der Seele Nomina und Verben ebenso wie andere Satzteile, z.B. Pronomina, Adverbien, Konjunktionen und Präpositionen[17].

Es könnte sich jedoch die Frage erheben, ob den gesprochenen und geschriebenen Partizipien bestimmte von den Verben selbst zu unterscheidende Intentionen innerhalb des Geistes entsprechen; für eine solche Vielfalt mentaler Ausdrücke scheint nämlich keine besondere Notwendigkeit zu bestehen. So scheint es, als ob ein Verb und das Partizip dieses Verbs in Verbindung mit der Kopula "ist" immer ein- und dasselbe bezeichnen. Die Vielzahl synonymer Ausdrücke wird nämlich nicht aufgrund einer Notwendigkeit der Bezeichnung gebildet, sondern nur zur Ausschmückung der Rede oder aufgrund einer anderen, ähnlich beiläufigen Ursache. Denn das, was durch alle synonymen Ausdrücke (gemeinsam) bezeichnet wird, kann schon durch einen einzigen von ihnen zureichend ausgedrückt werden. Der Vielzahl (gesprochener oder geschriebener) synonymer Ausdrücke entspricht also keine Vielzahl der (ihnen übergeordneten) Begriffe. Scheint somit die Unterscheidung zwischen gesprochenen Verben und (ihren) Partizipien nicht aufgrund einer besonderen Bezeichnung notwendig zu sein, so brauchen auch den gesprochenen Partizipien keine besonderen Begriffe im Geiste zu entsprechen. Ein ähnlicher Zweifel ließe sich im Blick auf die Pronomina erheben[18].

Est autem inter nomina vocalia et mentalia differentia, quia quamvis omnia accidentia grammaticalia quae conveniunt nominibus mentalibus / etiam nominibus vocalibus sint convenientia, non tamen e converso, sed quaedam sunt communia tam istis quam illis, quaedam autem sunt propria nominibus vocalibus et scriptis, quia quaecumque conveniunt vocalibus, et scriptis et e converso. Accidentia communia nominibus vocalibus et mentalibus sunt casus et numerus.

Sicut enim istae propositiones vocales 'homo est animal', 'homo non est animalia' distincta habent praedicata quorum unum est numeri singularis et aliud pluralis, ita propositiones mentales quarum una mens ante omnem vocem dicit quod homo est animal et alia dicit quod homo non est animalia distincta habent praedicata quorum unum potest dici numeri singularis et aliud pluralis.

Similiter sicut istae propositiones vocales 'homo est homo' et 'homo non est hominis' habent distincta praedicata variata per casus, sic proportionaliter dicendum est de propositionibus in mente correspondentibus.

Accidentia autem propria nominibus vocalibus et scriptis sunt genus et figura. Talia enim accidentia nominibus propter necessitatem significationis non conveniunt. Unde et aliquando accidit quod duo nomina sunt synonyma et tamen sunt generum diversorum et aliquando diversarum figurarum, propter quod talem multiplicitatem non oportet naturalibus signis tribuere. Unde quaecumque pluralitas et varietas talium accidentium, quae potest competere nominibus synonymis, potest convenienter a mentalibus amoveri.

Es gibt jedoch einen Unterschied zwischen gesprochenen und mentalen Nomina. Obwohl nämlich alle grammatischen Kennzeichen der mentalen Nomina auch den gesprochenen Nomina zukommen, gilt dies nicht im umgekehrten Falle. Es sind vielmehr einige dieser Kennzeichen sowohl diesen als auch jenen Nomina gemeinsam, andere dagegen sind nur den gesprochenen und geschriebenen Nomina eigentümlich, da alle, die den gesprochenen Nomina zukommen, auch den geschriebenen zukommen und umgekehrt. Als gemeinsame grammatische Kennzeichen der gesprochenen und mentalen Nomina gelten Kasus und Numerus.

Wie nämlich diese gesprochenen Sätze: "Der Mensch ist ein Lebewesen" sowie "Der Mensch ist nicht die Lebewesen" unterschiedliche Prädikate aufweisen – eines im Singular, das andere im Plural –, so besitzen auch die mentalen Sätze unterschiedliche Prädikate, denen einmal der Singular, das andere Mal der Plural zugeordnet werden kann. So z.B., wenn jemand im Geist noch vor jeder gesprochenen Satzbildung behauptete, daß der Mensch ein Lebewesen sei, während ein anderer sagte, daß der Mensch nicht viele Lebewesen sei.

Weisen ferner diese gesprochenen Sätze: "Der Mensch ist ein Mensch" und "Der Mensch ist nicht eines Menschen (Eigentum)" dem Kasus nach verschiedene Prädikate auf, so trifft dies auch auf die ihnen im Geiste entsprechenden Sätze zu.

Als nur den gesprochenen und geschriebenen Nomina eigentümliche Kennzeichen gelten dagegen Genus und Figur. Derartige Kennzeichen kommen den Nomina nämlich nicht aufgrund einer Notwendigkeit der Bezeichnung zu. So ist es möglich, daß zwei synonymen Nomina das eine Mal ein unterschiedliches Genus, ein anderes mal eine unterschiedliche Figur zukommt[19]. Eine solche Vielfalt darf jedoch nicht auch den natürlichen Zeichen selbst zugeschrieben werden. Daher kann jede noch so große Vielfalt und Verschiedenheit grammatischer Kennzeichen, die sich bei synonymen Ausdrücken findet, bei den mentalen Ausdrükken ohne Schwierigkeit entfallen.

De comparatione autem, an conveniat solis nominibus ad placitum institutis, posset esse difficultas, quam tamen quia non est magnae utilitatis pertranseo. /

De qualitate posset esse consimilis difficultas, quam alias pertractabo in sua radice.

Per praedicta autem potest studiosus evidenter perpendere quod quamvis aliquando ex sola variatione accidentium terminorum, scilicet casus, numeri et comparationis, propter tamen rem significatam, potest propositio una verificari et alia falsificari, hoc tamen numquam accidit propter genus et figuram. Quamvis enim frequenter ad congruitatem orationis habendam oportet aspicere ad genus, — haec enim est congrua 'homo est albus' et haec incongrua 'homo est alba', quod ex sola diversitate generis oritur —, tamen supposita congruitate nihil refert cuius generis vel cuius figurae sit subiectum vel praedicatum. Sed certe, cuius numeri vel casus sit subiectum vel praedicatum, ad sciendum an propositio sit vera vel falsa oportet aspicere. Haec enim est vera 'homo est animal' et haec falsa 'homo est animalia', et sic de aliis.

Et sicut nominibus vocalibus et scriptis quaedam sunt accidentia propria, quaedam communia illis et mentalibus, consimiliter de verborum accidentibus est dicendum. Communia sunt modus, genus, numerus, tempus, persona.

Es könnte sich jedoch zusätzlich das Problem stellen, ob
z.B. die sprachlichen Steigerungsstufen auch nur den konventionell vereinbarten (d.h. den nicht-mentalen) Nomina
zukommen. Da uns eine Antwort darauf jedoch keinen wesentlichen Schritt weiterführte, übergehe ich diese Fragestellung.

Ein verwandtes Problem könnte sich im Blick auf die Ei-
genschaftsbestimmung des Nomens (Eigenname/appellativer
Ausdruck) stellen, der ich an anderer Stelle noch gründlich
nachgehen werde[20].

Dem Obengesagten kann ein um die Sache Bemühter
eindeutig entnehmen, daß, obgleich manchmal allein aufgrund einer Veränderung bestimmter, die bezeichnete Sache selbst betreffender (grammatischer) Kennzeichen des
Terminus (z.B. Kasus, Numerus und Steigerungsstufe) der
eine Satz bewahrheitet, der andere jedoch falsifiziert werden
kann, dies niemals allein aufgrund einer Veränderung von
Genus oder Figur möglich ist. Obwohl man nämlich auf das
Genus achten muß, um so die grammatische Richtigkeit der
Satzbildung zu sichern (so ist der Satz "homo est albus"
grammatisch richtig, der Satz "homo est alba" jedoch nicht,
was allein auf dem Unterschied im Genus beruht), ist es —
abgesehen von der grammatischen Richtigkeit — für die logische Wahrheit ohne Belang, welches Genus bzw. welche
Deklination einem Subjekt oder Prädikat zukommt. Dagegen muß man darauf achten, welcher Numerus oder Kasus
dem Subjekt oder Prädikat zukommt, sofern man sicherge-
hen will, ob ein Satz wahr oder falsch ist. Daher ist der Satz
"Der Mensch ist ein Lebewesen" wahr, der Satz "Der
Mensch ist die Lebewesen" jedoch nicht; ähnliches gilt für
andere Beispiele.

Gibt es also sowohl bestimmte, nur den gesprochenen
oder geschriebenen Nomina allein zukommende grammatische Kennzeichen, als auch solche, die ihnen und den mentalen Nomina gemeinsam zukommen, so gilt ähnliches auch
für die grammatischen Kennzeichen der Verben. Ihnen
(d.h. den konventionell vereinbarten und den mentalen
Verben) gemeinsam sind Modus, Genus, Numerus, Tempus
und Person.

De modo patet, nam alia oratio mentalis correspondet isti orationi vocali 'Sortes legit' et isti alia 'utinam Sortes legeret'. De genere patet, nam alia oratio mentalis correspondet isti orationi vocali 'Sortes amat' et isti 'Sortes amatur'. Verumtamen in mente non sunt nisi tria genera, nam deponentia et communia vocalia non sunt propter necessitatem significationis inventa, cum verba communia aequivaleant activis et passivis et deponentia neutris vel activis, et ideo non oportet talem pluralitatem in verbis mentalibus ponere. De numero etiam patet, nam distinctae orationes mentales correspondent istis 'tu legis', 'vos legitis'. Idem patet de tempore, nam istis / 'tu legis', 'tu legisti' distinctae orationes mentales correspondent. Hoc idem patet de persona, ut istis 'tu legis', 'ego lego' aliae correspondent.

Sed quod oporteat ponere talia nomina mentalia et verba et adverbia et coniunctiones et praepositiones ex hoc convincitur quod omni orationi vocali correspondet alia mentalis in mente, et ideo sicut illae partes propositionis vocalis quae sunt propter necessitatem significationis impositae sunt distinctae, sic partes propositionis mentalis correspondenter sunt distinctae. Propter quod sicut nomina vocalia et verba et adverbia et coniunctiones et praepositiones sunt necessariae diversis propositionibus et orationibus vocalibus, ita quod impossibile est omnia exprimere per nomina et verba solum quae possunt per illa et alias partes exprimi, sic etiam distinctae partes consimiles sunt necessariae mentalibus propositionibus.

Accidentia autem propria verbis institutis sunt coniugatio et figura. Tamen quandoque verba diversarum coniuga-

Für den Modus eines Verbs gilt dies offensichtlich, denn den gesprochenen Satzbildungen "Sokrates liest" und "Wenn Sokrates doch läse" entspricht eine jeweils andere mentale Satzbildung. Auch für das Genus ist dies offensichtlich, denn den gesprochenen Satzbildungen "Sokrates liebt" und "Sokrates wird geliebt" entspricht eine jeweils andere mentale Satzbildung. Es gibt jedoch innerhalb des Intellekts (d.h. in der mentalen Sprache) nur drei Genera, denn die Deponentien sowie die allgemeinen Verben einer gesprochenen Satzbildung werden nicht aufgrund einer Notwendigkeit der beigelegten Bezeichnung gebildet. Da die allgemeinen Verben den aktiven und passiven, die Deponentien aber den neutralen und aktiven Verb(-formen) gleichbedeutend sind, bedarf es keiner entsprechenden Formvielfalt bei den mentalen Verben. Für den Numerus ist dies ebenfalls offensichtlich, entsprechen doch den Satzbildungen "Du liest" und "Ihr lest" jeweils verschiedene mentale Satzbildungen. Dasselbe gilt für das Tempus, denn den Satzbildungen "Du liest" und "Du hast gelesen" entsprechen verschiedene mentale Satzbildungen. Ebenso verhält es sich mit der Person, da den Satzbildungen "Du liest" und "Ich lese" jeweils andere (mentale Satzbildungen) korrespondieren.

Daß man jedoch überhaupt mentale Nomina, Verben, Adverbien, Konjunktionen und Präpositionen annehmen muß, ergibt sich daraus, daß jeder gesprochenen Satzbildung eine andere mentale Satzbildung im Geiste entspricht. Gibt es daher Elemente des gesprochenen Satzes, die aufgrund der Notwendigkeit einer Bezeichnung voneinander unterschieden werden müssen, so gibt es in gleicher Weise auch verschiedene Elemente des (zugehörigen) mentalen Satzes. Wie die gesprochenen Nomina, Verben, Adverbien, Konjunktionen und Präpositionen in den verschiedenen gesprochenen Sätzen und Satzbildungen notwendig sind – so daß es unmöglich ist, all das allein mit Hilfe von Nomina und Verben auszudrücken, was wir zusammen mit diesen und anderen Teilen ausdrücken können –, so sind auch die verschiedenen Teile innerhalb der mentalen Sätze notwendig.

Als besondere Kennzeichen der gesprochenen und geschriebenen Verben gelten Konjugation und Figur. Mitunter können jedoch Verben sowohl verschiedener Konjugation als auch verschiedener Figur synonym sein.

tionum possunt esse synonyma et similiter verba diversae figurae.

Per praedicta potest studiosus faciliter advertere quomodo proportionaliter de aliis partibus orationis et earum accidentibus est dicendum.

Nec miretur aliquis quod dico aliqua nomina et verba esse mentalia, sed prius legat Boethium *Super Perihermenias,* et hoc ibidem inveniet. Et ideo quando Aristoteles tam nomen quam verbum definit per vocem, accipit ibi nomen et verbum magis stricte, scilicet pro nomine et verbo vocali. /

[CAP. 4. De divisione terminorum in terminos categorematicos et syncategorematicos, quae est communis tam terminis mentalibus quam vocalibus]

Adhuc aliter dividitur terminus, tam vocalis quam mentalis, quia terminorum quidam sunt categorematici, quidam syncategorematici. Termini categorematici finitam et certam habent significationem, sicut hoc nomen ´homo´ significat omnes homines et hoc nomen ´animal´ omnia animalia, et hoc nomen ´albedo´ omnes albedines.

Termini autem syncategorematici, cuiusmodi sunt tales ´omnis´, ´nullus´, ´aliquis´, ´totus´, ´praeter´, ´tantum´, ´inquantum´ et huiusmodi, non habent finitam significationem et certam, nec significant aliquas res distinctas a rebus significatis per categoremata, immo sicut in algorismo cifra per se posita nihil significat, sed addita alteri figurae facit eam significare, ita syncategorema proprie loquendo nihil significat, sed magis additum alteri facit ipsum aliquid sig-

Aufgrund des Obengesagten ist es für den um die Sache Bemühten leicht, auf gleiche Weise die übrigen Teile einer Satzbildung und ihre grammatischen Kennzeichen zu bestimmen.

Auch sollte sich niemand darüber wundern, daß ich überhaupt von bestimmten mentalen Nomina und Verben spreche. Er möge vielmehr den Kommentar des Boethius zu *De interpretatione* lesen; dort wird er dieselbe Meinung wiederfinden[21]. Wenn daher Aristoteles sowohl Nomen als auch Verb als *Lautgebilde* definiert, so versteht er dabei Nomen und Verb in einem engeren Sinne allein als gesprochenes Nomen und. Verb.[22]

KAP. 4. Zur allgemeinen Einteilung der mentalen und gesprochenen Termini in kategorematische und synkategorematische Termini

Sowohl der gesprochene als auch der mentale Terminus werden noch weiter unterteilt, da einige Termini kategorematischer, andere jedoch synkategorematischer Natur sind. Die kategorematischen Termini besitzen eine bestimmte, festumschriebene Bezeichnung[23]. So bezeichnet das Nomen "Mensch" alle (einzelnen) Menschen, das Nomen "Lebewesen" alle (einzelnen) Lebewesen, das Nomen "Weiße" alles, was weiß ist.

Die synkategorematischen Termini, wie "jeder", "keiner", "irgendeiner", "ganzer", "außer", "allein", "insofern als" und dergleichen mehr, besitzen dagegen weder eine bestimmte, festumschriebene Bezeichnung, noch bezeichnen sie irgendwelche Dinge, die von den durch die kategorematischen Termini bezeichneten verschieden wären. So bezeichnet die "Null" innerhalb des Zahlensystems nichts, wenn sie alleine vorkommt; dagegen bewirkt sie, daß, wenn man sie einer anderen Ziffer beifügt, diese etwas bezeichnet. Ebenso bezeichnet ein im eigentlichen Sinne verstandener synkategorematischer Ausdruck selbst nichts[24]. Wird er jedoch einem anderen (kategorematischen) Terminus beigefügt, so bewirkt er entweder, daß dieser etwas bezeichnet

nificare sive facit ipsum pro aliquo vel aliquibus modo determinato supponere vel aliud officium circa categorema exercet. Unde hoc syncategorema 'omnis' non habet aliquod certum significatum, sed additum 'homini' facit ipsum stare seu supponere actualiter sive confuse et distributive pro omnibus hominibus; additum autem 'lapidi' facit ipsum stare pro omnibus lapidibus; et additum 'albedini' facit ipsam stare pro omnibus albedinibus. Et sicut est de isto syncategoremate 'omnis', ita proportionaliter de aliis est tenendum, quamvis distinctis syncategorematibus distincta officia conveniant, sicut de aliquibus inferius ostendetur.

Et si proterviatur quod haec dictio 'omnis' est significativa, ergo aliquid significat, dicendum est quod non ideo dicitur / significativa quia aliquid determinate significat, sed quia facit aliud significare vel supponere vel stare pro aliquo, sicut declaratum est. Et sicut hoc nomen 'omnis' nihil determinate et finite significat, secundum modum loquendi Boethii, sic est de omnibus syncategorematibus et universaliter de coniunctionibus et praepositionibus.

De quibusdam autem adverbiis aliter est, quia quaedam eorum determinate significant illa quae significant nomina categorematica, quamvis alio modo significandi important.

oder in einer bestimmten Weise für eine oder mehrere Sachen supponiert, oder er übt eine andere (logische) Funktion in bezug auf den kategorematischen Terminus aus. So gibt es für den synkategorematischen Ausdruck "jeder" als solchen keine bestimmte Sache, die er bezeichnet. Verbindet man ihn aber mit dem Ausdruck "Mensch", so bewirkt er, daß dieser tatsächlich, nämlich in konfus-distributiver Supposition, für alle Menschen steht bzw. für diese supponiert[25]. In Verbindung mit dem Ausdruck "Stein" läßt er diesen für alle Steine stehen, in Verbindung mit dem Ausdruck "Weiße" diesen für alles, was weiß ist. Was für den Ausdruck "jeder" gilt, trifft entsprechend auch auf andere synkategorematische Ausdrücke zu. Allerdings kommen den verschiedenen Synkategoremata — wie weiter unten zu zeigen sein wird — jeweils verschiedene (logische) Funktionen zu.[26]

Es könnte nun jemand einwenden, daß das Wort "jeder" ein signifikativer Ausdruck ist, also etwas bezeichnet. Dazu ist zu sagen, daß man ihn nicht deshalb einen "signifikativen" Ausdruck nennt, weil er selbst etwas auf eine bestimmte Weise bezeichnet, sondern weil er — wie schon gezeigt wurde — bewirkt, daß ein anderes etwas bezeichnet oder für etwas supponiert bzw. für etwas steht. Folgt man Boethius, so bezeichnet der Ausdruck "jeder" für sich genommen nichts auf eine bestimmte, festumschriebene Art und Weise[27] — Dasselbe gilt nicht nur für alle synkategorematischen Ausdrücke, sondern auch für Konjunktionen und Präpositionen.

Anders verhält es sich dagegen mit einigen Adverbien, weil einige von ihnen auf eine bestimmte Weise dasselbe bezeichnen wie die kategorematischen Ausdrücke, obwohl sie eine andere Art und Weise der Bezeichnung aufweisen.

[CAP. 63. De suppositione terminorum
in propositionibus]

Dicto de significatione terminorum restat dicere de suppositione, quae est proprietas conveniens termino sed numquam nisi in propositione.

Est autem primo sciendum quod suppositio accipitur dupliciter, scilicet large et stricte. Large accepta non distinguitur contra appellationem, sed appellatio est unum contentum sub suppositione. Aliter accipitur stricte, secundum quod distinguitur contra appellationem. Sed sic non intendo loqui de suppositione sed primo modo tantum. Et sic tam subiectum quam praedicatum supponit; et universaliter quidquid potest esse subiectum propositionis vel praedicatum supponit.

Dicitur autem suppositio quasi pro alio positio, ita quod quando terminus in propositione stat pro aliquo, ita quod utimur illo termino pro aliquo de quo, sive de pronomine demonstrante ipsum, ille terminus vel rectus illius termini si sit obliquus verificatur, supponit pro illo. Et hoc saltem verum est quando terminus supponens significative accipitur. /

Et sic universaliter terminus supponit pro illo de quo — vel de pronomine demonstrante ipsum — per propositionem denotatur praedicatum praedicari, si terminus supponens sit subiectum; si autem terminus supponens sit praedicatum, denotatur quod subiectum subicitur respectu illius, vel respectu pronominis demonstrantis ipsum, si pro-

KAP. 63. Zur Supposition der Termini innerhalb von Sätzen

Nach der Bezeichnung (Signifikation)[28] der Termini ist nun von ihrer Supposition zu reden, einer Eigenschaft des Terminus, welche ihm ausschließlich im Kontext eines Satzes zukommt[29].

Zuerst ist zu sagen, daß der Ausdruck Supposition in zweifacher Weise verwendet wird, nämlich im weiten und im strengen Sinne. *Im weiten Sinn* unterscheidet man nicht zwischen der Supposition eines Terminus und seiner Appellation; vielmehr ist hierbei die Eigenschaft der Appellation in der der Supposition mitenthalten[30]. Dagegen wird der Ausdruck "Supposition" dann *im strengen Sinne* verwendet, wenn man ihn von der Appellation unterscheidet. Ich behandle die Supposition jedoch nicht diesem (strengen), sondern allein dem ersten (weiten) Sinne gemäß. Sowohl dem Subjekt als auch dem Prädikat kommt hiernach Supposition zu. Allgemein gesprochen hat jeder Ausdruck Supposition, der das Subjekt oder Prädikat eines Satzes bilden kann.

Man versteht aber unter Supposition so etwas wie „Stellung für etwas anderes"[31] . Wenn somit ein Terminus in einem Satz in der Weise für etwas steht, daß wir den Terminus für irgendeine Sache gebrauchen, für die gilt, daß der Terminus von ihr selbst oder von einem auf sie hinweisenden Pronomen wahrheitsgemäß ausgesagt wird, so supponiert der Terminus für jene Sache. Bei einem deklinierten Terminus gilt dies für den Nominativ. Dies ist zumindest dann wahr, wenn ein supponierender Terminus "signifikativ" aufgefaßt wird[32].

Und so supponiert ein Terminus, allgemein gesprochen, für diejenige Sache, von welcher der (betreffende) Satz angibt, daß sein Prädikat von ihr — oder von einem auf sie hinweisenden Pronomen — prädiziert wird, sofern der supponierende Terminus das Subjekt bildet. Bildet der supponierende Terminus jedoch das Prädikat, so gibt der Satz, wenn er gebildet wird, an, daß sein Subjekt bezüglich eines auf sie hinweisenden Pronomens als Subjekt fungiert. So

positio formetur. Sicut per istam 'homo est animal' denotatur quod Sortes vere est animal, ita quod haec sit vera si formetur 'hoc est animal', demonstrando Sortem. Per istam autem 'homo est nomen' denotatur quod haec vox 'homo' sit nomen, ideo in ista supponit 'homo' pro illa voce. Similiter per istam 'album est animal' denotatur quod illa res quae est alba sit animal, ita quod haec sit vera 'hoc est animal' demonstrando illam rem quae est alba; et propter hoc pro illa re subiectum supponit. Et sic, proportionaliter, dicendum est de praedicato: nam per istam 'Sortes est albus' denotatur quod Sortes est illa res quae habet albedinem, et ideo praedicatum supponit pro illa re quae habet albedinem; et si nulla res haberet albedinem nisi Sortes, tunc praedicatum praecise supponeret pro Sorte.

Est igitur una regula generalis quod numquam terminus in aliqua propositione, saltem quando significative accipitur, supponit pro aliquo nisi de quo vere praedicatur.

Ex quo sequitur quod falsum est, quod aliqui ignorantes dicunt, quod concretum a parte praedicati supponit pro forma; videlicet quod in ista 'Sortes est albus' li albus supponit pro albedine, nam haec est simpliciter falsa 'albedo est alba', qualitercumque termini supponant. Ideo numquam concretum tale supponit pro forma tali significata per suum abstractum, secundum viam Aristotelis. In aliis autem concretis, de quibus dictum est, hoc est bene possibile. /

Eodem modo in ista 'homo est Deus' 'homo' vere supponit pro Filio Dei, quia ille vere est homo.

gibt z.B. der Satz "Der Mensch ist ein Lebewesen" an, daß Sokrates wirklich ein Lebewesen ist; so daß der Satz "Dies ist ein Lebewesen" wahr ist, sofern man ihn formuliert und gleichzeitig auf Sokrates zeigt. Der Satz "Mensch ist ein Nomen" gibt dagegen an, daß das gesprochene Wort "Mensch" ein Nomen ist; daher supponiert "Mensch" hier nur für jenes gesprochene Wort. Auf gleiche Weise gibt der Satz "Ein Weißes ist ein Lebewesen" an, daß jene Sache, die weiß ist, ein Lebewesen ist. D.h., der Satz "Dies ist ein Lebewesen" ist dann wahr, wenn man zugleich auf jene Sache zeigt, die weiß ist. Allein aufgrund dieses Zeigens supponiert das Subjekt für jene Sache. Gleiches gilt auch für einen Prädikatsterminus. So gibt der Satz "Sokrates ist weiß" an, daß Sokrates jene Sache ist, welcher Weißsein zukommt; das Prädikat supponiert also für jene Sache, der Weißsein zukommt. Käme es aber mit Ausnahme des Sokrates keiner anderen Sache zu, weiß zu sein, so supponierte das Prädikat einzig und allein für Sokrates.

Es gilt daher die allgemeine Regel, daß ein Terminus in einem Satz, zumindest dann wenn er signifikativ aufgefaßt wird, allein für dasjenige supponiert, wovon er wahrhaft ausgesagt wird[33].

Hieraus folgt, daß es falsch ist, wenn einige "Unkundige"[34] meinen, daß ein konkreter Ausdruck als Prädikat für eine Form supponiert, etwa der Ausdruck "weiß" im Satz "Sokrates ist weiß" für das Weißsein; denn der Satz "Das Weißsein ist weiß" ist schlechthin falsch, auf welche Weise auch immer seine Termini supponieren mögen. Folgt man Aristoteles, so supponiert ein solcher konkreter Ausdruck niemals für die Form, die durch sein zugehöriges Abstraktum bezeichnet wird[35]. Bei anderen konkreten Ausdrücken, von denen bereits die Rede war, ist dies jedoch möglich.

Auf gleiche Weise supponiert der Ausdruck "Mensch" innerhalb des Satzes "(Ein) Mensch ist Gott" wahrhaft für Gottes Sohn, da jener wahrhaft Mensch ist.

[CAP. 64. De divisione suppositionis]

Sciendum est autem quod suppositio primo dividitur in suppositionem personalem, simplicem et materialem.

Suppositio personalis, universaliter, est illa quando terminus supponit pro suo significato, sive illud significatum sit res extra animam, sive sit vox, sive intentio animae, sive sit scriptum, sive quodcumque aliud imaginabile; ita quod quandocumque subiectum vel praedicatum propositionis supponit pro suo significato, ita quod significative tenetur, semper est suppositio personalis. Exemplum primi: sic dicendo 'omnis homo est animal', li homo supponit pro suis significatis, quia 'homo' non imponitur nisi ad significandum istos homines; non enim significat proprie aliquid commune eis sed ipsosmet homines, secundum Damascenum. Exemplum secundi: sic dicendo 'omne nomen vocale est pars orationis', li nomen non supponit nisi pro vocibus; quia tamen imponitur ad significandum illas voces, ideo supponit personaliter. Exemplum tertii: sic dicendo 'omnis species est universale' vel 'omnis intentio animae est in anima' utrumque subiectum supponit personaliter, quia supponit pro illis quibus imponitur ad significandum. Exemplum quarti: sic dicendo 'omnis dictio scripta est dictio' subiectum non supponit nisi pro significatis suis, puta pro scriptis, ideo supponit personaliter.

Ex quo patet quod non sufficienter describunt suppositionem personalem dicentes quod suppositio personalis est quando terminus supponit pro re. Sed ista est definitio

KAP. 64. Zur Einteilung der Supposition

Bei der Supposition unterscheidet man aber zuerst zwischen personaler, einfacher und materialer Supposition[36].

Allgemein gesprochen liegt *personale Supposition* dann vor, wenn ein Terminus für das supponiert, was er bezeichnet, wobei dieses Bezeichnete entweder (1) eine extramentale Sache, (2) ein gesprochenes Wort, (3) eine Intention der Seele, (4) ein geschriebenes Wort oder etwas sonst Vorstellbares sein kann. Personale Supposition liegt somit immer vor, wenn das Subjekt oder Prädikat eines Satzes für das supponiert, was es bezeichnet, d.h. wenn es signifikativ aufgefaßt wird[37]. Beispiel für (1): Im Satz "Jeder Mensch ist ein Lebewesen" supponiert der Ausdruck "Mensch" für alles, was er bezeichnet, da man den Ausdruck "Mensch" nur deshalb als Sprachzeichen einsetzte, um diese (d.h. bestimmte einzelne) Menschen zu bezeichnen. Er bezeichnet im eigentlichen Sinne nämlich nichts, was allen Menschen gemeinsam zukommt, sondern − wie Johannes Damascenus meint − nur diese Menschen selbst[38]. Beispiel für (2): Im Satz "Jedes gesprochene Nomen ist Teil einer Satzbildung" supponiert der Ausdruck "Nomen " ausschließlich für gesprochene Wörter; da man ihn aber als Sprachzeichen einsetzte, um gesprochene Wörter zu bezeichnen, steht er in personaler Supposition. Beispiel für (3): Wenn man sagt: "Jede Spezies ist etwas Allgemeines" oder "Jede Intention der Seele ist in der Seele", so steht das Subjekt in beiden Fällen in personaler Supposition, da es für dasjenige supponiert, wofür man es als Sprachzeichen einsetzte. Beispiel für (4): Im Satz "Jedes geschriebene Wort ist ein Wort" supponiert das Subjekt nur für diejenigen Dinge, die es bezeichnet − nämlich geschriebene Wörter; es hat also personale Supposition.

Hieraus folgt, daß jene Autoren die personale Supposition nur unzureichend definieren, die sagen, sie läge dann vor, wenn ein Terminus für eine Sache supponiere[39]. Vielmehr gilt folgende Definition: "Personale Supposition liegt

quod 'suppositio personalis est quando terminus supponit
pro suo significato et significative'. /

Suppositio simplex est quando terminus supponit pro
intentione animae, sed non tenetur significative. Verbi gratia sic dicendo 'homo est species' iste terminus 'homo' supponit pro intentione animae, quia illa intentio est species;
et tamen iste terminus 'homo' non significat proprie loquendo illam intentionem, sed illa vox et illa intentio animae sunt tantum signa subordinata in significando idem,
secundum modum alibi expositum.

Ex hoc patet falsitas opinionis communiter dicentium
quod suppositio simplex est quando terminus supponit pro
suo significato, quia suppositio simplex est quando terminus supponit pro intentione animae, quae proprie non est
significatum termini, quia terminus talis significat veras res
et non intentiones animae.

Suppositio materialis est quando terminus non supponit
significative, sed supponit vel pro voce vel pro scripto. Sicut patet hic 'homo est nomen', li homo supponit pro se
ipso, et tamen non significat se ipsum. Similiter in ista propositione 'homo scribitur' potest esse suppositio materialis,
quia terminus supponit pro illo quod scribitur.

Et est sciendum quod sicut ista triplex suppositio com-
petit voci prolatae ita potest competere voci scriptae. Unde
si scribantur istae quatuor propositiones 'homo est animal',
'homo est species', 'homo est vox disyllaba', 'homo est dictio scripta', quaelibet istarum poterit verificari, et tamen

vor, wenn ein signifikativ gebrauchter Terminus für dasjenige supponiert, was er bezeichnet".

Einfache Supposition liegt vor, wenn ein Terminus für eine Intention der Seele supponiert, wobei er jedoch nicht signifikativ verwendet wird[40]. So supponiert z.B. der Terminus "Mensch" im Satz "Mensch ist eine Spezies" für eine Intention der Seele, da es sich bei der Spezies um nichts anderes als eine solche Intention handelt. Der Terminus "Mensch" bezeichnet jedoch im eigentlichen Sinne nicht diese Intention; vielmehr sind das gesprochene Wort und die Intention der Seele zwei einander untergeordnete Zeichen, die beide ein- und dasselbe bezeichnen, wie an anderer Stelle ausgeführt wurde[41].

Hieraus erhellt der Irrtum jener Autoren, die gemeinhin behaupten, daß einfache Supposition dann vorliege, wenn ein Terminus für dasjenige supponiere, was er bezeichnet[42]. Denn die einfache Supposition liegt dann vor, wenn ein Terminus für eine Intention der Seele supponiert, bei der es sich nicht im eigentlichen Sinne um etwas handelt, was der Terminus bezeichnet, da ein solcher Terminus immer nur wahrhaft existierende Dinge und nicht Intentionen der Seele bezeichnet.

Materiale Supposition liegt vor, wenn ein Terminus nicht signifikativ, sondern für ein gesprochenes oder ein geschriebenes Wort supponiert[43]. Dies ist z.B. in folgendem Satz der Fall: "'Mensch' ist ein Nomen." Der Ausdruck "Mensch" supponiert hier zwar für sich selbst (als Wortgebilde), er bezeichnet aber nicht sich selbst. Ebenso kann im Satz "'Mensch' wird geschrieben" materiale Supposition vorliegen, da der Terminus für etwas supponiert, was geschrieben wird.

So wie diese drei Arten der Supposition dem gesprochenen Wort zukommen, können sie auch Eigenschaften des geschriebenen Wortes sein. Wenn man z.B. die folgenden vier Sätze niederschriebe: "Der Mensch ist ein Lebewesen" "Mensch ist eine Spezies", "Mensch ist ein einsilbiges Wort", "Mensch ist ein geschriebenes Wort", so kann jeder von ihnen bewahrheitet werden, jedoch nur für verschiedene Suppositionsarten (des Ausdruckes "Mensch"), denn

nonnisi pro diversis, quia illud quod est animal nullo / modo est species, nec vox disyllaba, nec dictio scripta. Similiter illud quod est species non est animal, nec vox disyllaba, et sic de aliis. Et tamen in duabus ultimis propositionibus habet terminus suppositionem materialem. Sed illa potest subdistingui, eo quod potest supponere pro voce vel pro scripto; et si essent nomina imposita, ita posset distingui suppositio pro voce vel pro scripto sicut suppositio pro significato et pro intentione animae, quarum unam vocamus personalem et aliam simplicem. Sed talia nomina non habemus.

Sicut autem talis diversitas suppositionis potest competere termino vocali et scripto, ita etiam potest competere termino mentali, quia intentio potest supponere pro illo quod significat et pro se ipsa et pro voce et pro scripto.

Est autem sciendum quod non dicitur suppositio 'personalis' quia supponit pro persona, nec simplex quia supponit pro simplici, nec materialis quia supponit pro materia, sed propter causas dictas. Et ideo isti termini 'materiale', 'personale', 'simplex' aequivoce usitantur in logica et in aliis scientiis; tamen in logica non usitantur frequenter nisi cum isto addito 'suppositio'.

dasjenige, was ein Lebewesen ist, ist selbst auf keine Weise eine Spezies, ein einsilbiges gesprochenes Wort oder ein geschriebenes Wort. Ebenso ist die Spezies weder ein Lebewesen noch ein einsilbiges gesprochenes Wort etc. Und dennoch steht der (Subjekts-) Terminus der beiden zuletztgenannten Sätze in materialer Supposition. Diese Supposition kann danach weiter unterschieden werden, je nachdem ob der Terminus für ein gesprochenes oder ein geschriebenes Wort supponieren kann. Gäbe es dafür bestimmte Namenssetzungen, so könnte man eine (materiale) Supposition für ein gesprochenes Wort von der für ein geschriebenes Wort unterscheiden, ebenso wie man eine Supposition für das, was bezeichnet wird, von der für eine Intention der Seele unterscheidet, die eine nennen wir personale, die andere einfache (Supposition). Entsprechende Namen stehen uns (für die materiale Supposition) jedoch nicht zur Verfügung.

Wie aber diese Verschiedenheit der Supposition sowohl dem gesprochenen als auch dem geschriebenen Terminus zukommen kann, so auch einem mentalen Terminus, da eine Intention sowohl für dasjenige, was sie bezeichnet, als auch für sich selbst bzw. für ein gesprochenes oder ein geschriebenes Wort supponieren kann.

Man muß aber wissen, daß man weder von personaler Supposition spricht, weil (ein Terminus) etwa für eine "Person" supponierte, noch von einfacher Supposition, weil er für etwas "Einfaches" supponierte, noch von materialer Supposition, weil er für eine "Materie" supponierte, sondern allein aus den obengenannten Gründen. Daher werden die Ausdrücke "material", "personal" und "einfach" in der Logik und in anderen Wissenschaften äquivok gebraucht; in der Logik verwendet man sie jedoch nicht häufig und nur in Ergänzung zum Ausdruck "Supposition".

[CAP. 65. Quando terminus in propositione
habere potest suppositionem personalem,
simplicem vel materialem]

Notandum est etiam quod semper terminus, in quacumque propositione ponatur, potest habere suppositionem
personalem, nisi ex voluntate utentium arctetur ad aliam,
sicut terminus aequivocus in quacumque propositione potest supponere pro quolibet suo significato nisi ex voluntate utentium arctetur ad certum significatum. Sed terminus
non in omni propositione potest habere suppositionem
simplicem vel / materialem, sed tunc tantum quando terminus talis comparatur alteri extremo quod respicit intentionem animae vel vocem vel scriptum. Verbi gratia in ista
propositione 'homo currit' li homo non potest habere suppositionem simplicem vel materialem, quia 'currere' non
respicit intentionem animae nec vocem nec scripturam.
Sed in ista propositione 'homo est species', quia 'species'
significat intentionem animae ideo potest habere suppositionem simplicem. Et est propositio distinguenda penes
tertium modum aequivocationis, eo quod subiectum potest
habere suppositionem simplicem vel personalem. Primo
modo est propositio vera, quia tunc denotatur quod una
intentio animae sive conceptus sit species, et hoc est verum.
Secundo modo est propositio simpliciter falsa, quia tunc
denotatur quod aliqua res significata per hominem sit species, quod est manifeste falsum.

Eodem modo sunt tales distinguendae 'homo praedicatur de pluribus', 'risibile est passio hominis', 'risibile praedicatur primo de homine'. Et sunt istae distinguendae tam
a parte subiecti quam a parte praedicati. Similiter ista propositio est distinguenda 'animal rationale est definitio ho-

KAP. 65. Zur Bestimmung der Fälle, in denen ein Terminus innerhalb des Satzes personale, einfache oder materiale Supposition aufweisen kann

Es gilt ferner: ein Terminus kann stets — in welchem Satz er auch vorkommt — personale Supposition haben, es sei denn, daß er aufgrund des Willens seiner Benutzer auf eine andere Supposition beschränkt wird, wie ja auch ein äquivoker Terminus in jedem Satz für alles supponieren kann, was er bezeichnet, es sei denn, er würde durch den Willen seiner Benutzer auf ein bestimmtes Bezeichnetes begrenzt[44]. Dagegen kann ein Terminus nicht in jedem beliebigen Satz in einfacher oder materialer Supposition stehen, sondern nur dann, wenn der Terminus mit einem Satzglied verbunden wird, das sich auf eine Intention der Seele oder ein gesprochenes oder geschriebenes Wort bezieht. Der Ausdruck "Mensch" kann z.B. im Satz "Ein Mensch läuft" nicht in einfacher oder materialer Supposition stehen, da sich "laufen" weder auf eine Intention noch auf ein Laut- oder Schriftzeichen bezieht. Dagegen kann der Terminus "Mensch" im Satz "Mensch ist eine Spezies" in einfacher Supposition stehen, da "Spezies" eine Intention der Seele bezeichnet. Und so muß man diesen Satz gemäß der dritten Weise der Äquivokation differenzieren, da das Subjekt in einfacher oder personaler Supposition stehen kann[45]. Im ersten Fall ist der Satz wahr, da behauptet wird, daß eine Intention der Seele bzw. ein Begriff eine Spezies ist, was zutrifft. Im zweiten Fall ist der Satz schlechthin falsch, da dann behauptet wird, daß irgendeine durch den Ausdruck "Mensch" bezeichnete Sache eine Spezies ist; dies ist offensichtlich falsch.

Auf entsprechende Weise muß man folgende Sätze differenzieren: "Mensch wird von vielen ausgesagt"; "Lachen-Können ist eine Eigenschaft des Menschen"; "Lachen-Können wird zuallererst vom Menschen ausgesagt". Man muß bei diesen Sätzen sowohl von der Seite des Subjekts als auch von der des Prädikats her differenzieren. Ebenso hat man auch bei folgendem Satz zu differenzieren: "Vernünftiges Lebewesen ist die Definition des Menschen"; liegt

minis', quia si habeat suppositionem simplicem est vera, si personalem est falsa. Et sic de multis talibus, sicut de istis 'sapientia est attributum Dei', 'creativum est passio Dei', 'bonitas et sapientia sunt attributa divina', 'bonitas praedicatur de Deo', 'innascibilitas est proprietas Patris' et huiusmodi.

Similiter quando terminus comparatur ad aliquod extremum, respiciens vocem vel scripturam, est propositio distinguenda, eo quod talis terminus potest habere suppositionem personalem vel materialem. Et isto modo sunt istae distinguendae 'Sortes est nomen', 'homo est vox disyllaba', 'paternitas significat proprietatem Patris'. Nam si paternitas supponat materialiter, sic haec est vera 'paternitas significat proprietatem Patris', quia hoc nomen 'paternitas' significat proprietatem Patris; si autem supponat personaliter, sic est falsa, quia paternitas est proprietas Patris vel est ipse Pater. Et isto modo sunt istae distinguendae 'animal / rationale significat quidditatem hominis', 'rationale significat partem hominis', 'homo albus significat aggregatum per accidens', 'homo albus est terminus compositus', et sic de multis talibus.

Potest igitur dari ista regula quod quando terminus potens habere praedictam triplicem suppositionem comparatur extremo, communi incomplexis vel complexis, sive prolatis sive scriptis, semper terminus potest habere suppositionem materialem vel personalem; et est talis propositio distinguenda. Quando vero comparatur extremo significanti intentionem animae, est distinguenda, eo quod potest habere suppositionem simplicem vel personalem. Quando autem comparatur extremo communi omnibus praedictis, tunc est distinguenda, eo quod potest habere suppositionem

einfache Supposition vor, so ist der Satz wahr, bei personaler Supposition ist er jedoch falsch. Das gleiche gilt für zahlreiche andere Sätze, wie z.B.: "Weisheit ist ein Attribut Gottes"; "Schöpferkraft ist eine Eigenschaft Gottes"; "Güte und Weisheit sind göttliche Attribute"; "Güte wird von Gott ausgesagt"; "Nichtgeborenwerdenkönnen ist eine Eigenschaft des Vaters"; usw.

Wird ein Terminus mit einem Satzglied verknüpft, das sich auf ein Laut- bzw. Schriftzeichen bezieht, so ist der Satz zu differenzieren, weil dieser Terminus personale oder materiale Supposition haben kann. Hiernach sind folgende Sätze zu differenzieren: "Sokrates ist ein Wort"; "Mensch ist ein einsilbiges gesprochenes Wort"; "Vaterschaft bezeichnet eine Eigenschaft des Vaters". Wenn nämlich "Vaterschaft" in materialer Supposition steht, dann ist der Satz "Vaterschaft bezeichnet eine Eigenschaft des Vaters" wahr; denn das Nomen "Vaterschaft" bezeichnet die Eigenschaft des Vaters. Steht es jedoch in personaler Supposition, so ist der Satz falsch, da Vaterschaft entweder eine Eigenschaft des Vaters oder aber der Vater selbst ist. In gleicher Weise muß man auch folgende Sätze differenzieren: "Vernünftiges Lebewesen bezeichnet das Wesen des Menschen"; "Vernünftig bezeichnet einen Teil des Menschen"; "Weißer Mensch bezeichnet ein akzidentell Verbundenes"; "Weißer Mensch ist ein zusammengesetzter Ausdruck"; usw.

Es gilt daher folgende *Regel*: Wenn ein Terminus, dem die drei zuvorgenannten Suppositionen zukommen können, mit einem Satzglied verknüpft wird, das sowohl inkomplexe als auch komplexe Ausdrücke, seien es nun gesprochene oder geschriebene, umfaßt, dann kann dieser Terminus stets in materialer oder personaler Supposition stehen; jeweils entsprechend muß ein solcher Satz differenziert werden. Wird er aber mit einem Satzglied verknüpft, das eine Intention der Seele bezeichnet, so ist zu differenzieren, weil der Terminus in einfacher oder personaler Supposition stehen kann. Wenn er jedoch mit einem Satzglied verknüpft wird, das alle genannten Ausdrücke enthält, dann ist zu differenzieren, weil der Terminus in personaler, einfacher oder

personalem, simplicem vel materialem. Et sic est haec distinguenda ´homo praedicatur de pluribus´, quia si ´homo´ habeat suppositionem personalem, est falsa, quia tunc denotatur quod aliqua res significata per hunc terminum ´homo´ praedicatur de pluribus. Si habeat suppositionem simplicem vel materialem, sive pro voce sive pro scripto, est vera, quia tam intentio communis quam vox quam illud quod scribitur praedicatur de pluribus.

[CAP. 66. De obiectionibus quae fieri possunt contra praedicta]

Sed contra praedicta potest obici multipliciter. Primo sic. Haec est vera ´homo est dignissima creatura creaturarum´. Quaero, quam suppositionem habet li homo? Non personalem, quia quaelibet singularis / est falsa, igitur habet suppositionem simplicem. Sed si suppositio simplex esset pro intentione animae, illa esset falsa, quia intentio animae non est dignissima creaturarum. Igitur suppositio simplex non est pro intentione animae.

Praeterea, haec est vera ´color est primum obiectum visus´; sed si subiectum habet suppositionem personalem, quaelibet singularis est falsa; igitur habet suppositionem simplicem. Sed si supponeret pro intentione animae, illa esset falsa, quia nulla intentio animae est primum obiectum visus, quia nulla intentio videtur; igitur suppositio simplex non est pro intentione animae.

Similiter, ista est vera ´homo est primo risibilis´; et non

materialer Supposition stehen kann. Entsprechend ist z.B. in bezug auf den Satz "Mensch wird von vielen ausgesagt" zu differenzieren; er ist falsch, wenn "Mensch" in personaler Supposition steht, da dann behauptet wird, daß eine bestimmte Sache, die der Terminus "Mensch" bezeichnet, von vielen ausgesagt wird. Der Satz ist dagegen wahr, wenn einfache oder materiale Supposition — sei es für ein gesprochenes oder ein geschriebenes Wort — vorliegt, da sowohl eine allgemeine Intention als auch ein gesprochenes Wort bzw. ein Schriftzeichen von vielen ausgesagt wird.

KAP. 66. Zu möglichen Einwänden gegen das Obengesagte

Man kann dem Obengesagten gegenüber jedoch mancherlei Einwände erheben. *Erstens.* Folgender Satz ist wahr: "Der Mensch ist die würdigste aller Kreaturen".[46] So frage ich: Welche Supposition hat hier der Ausdruck "Mensch"? Er steht nicht in personaler Supposition, da jeder der zugehörigen singulären Sätze falsch ist[47]. Also muß einfache Supposition vorliegen. Wenn aber ein Terminus in einfacher Supposition für eine Intention der Seele supponierte, so wäre dieser Satz falsch, da eine Intention nicht mit der würdigsten aller Kreaturen identisch ist. Hieraus würde folgen: Die einfache Supposition bezieht sich nicht auf eine Intention der Seele.

Zweitens: Folgender Satz ist wahr: "Farbe ist das allererste Objekt des Sehvermögens". Steht sein Subjekt aber in personaler Supposition, so ist jeder zugehörige singuläre Satz falsch[48]. Es muß also einfache Supposition vorliegen. Wenn der Terminus dabei aber für eine Intention der Seele supponierte, so wäre der Satz falsch; denn es gibt keine Intention, die mit dem "allerersten Objekt des Sehvermögens" identisch ist, da man sie nicht sehen kann. Hieraus würde folgen: Die einfache Supposition bezieht sich nicht auf eine Intention der Seele.

Ebenso. Der Satz "Der Mensch ist zuallererst des Lachens fähig" ist wahr. "Mensch" supponiert hier jedoch we-

pro re singulari nec pro intentione animae; igitur pro aliquo alio.

Idem potest argui de istis 'ens est primo unum', 'Deus
est primo persona', quia quaelibet talis est vera, et non pro
re singulari nec pro intentione animae, igitur pro aliquo
alio. Et tamen subiectum habet suppositionem simplicem,
igitur suppositio simplex non est pro intentione animae.

Praeterea, vox non praedicatur de voce nec intentio de
intentione, quia tunc quaelibet propositio talis 'homo est
animal' esset simpliciter falsa.

Ad primum istorum est dicendum quod opinio dicentium quod in ista 'homo est dignissima creaturarum' subiectum habet suppositionem simplicem, est simpliciter falsa;
immo 'homo' habet tantum suppositionem personalem in
ista.

Nec ratio eorum valet, sed est contra eos, nam pro-
bant quod / si 'homo' haberet suppositionem personalem
quod tunc esset falsa, quia quaelibet singularis est falsa.
Sed ista ratio est contra ipsos, quia si 'homo' stet simpliciter in ista et non pro aliquo singulari, igitur pro aliquo alio,
et per consequens illud esset dignissima creaturarum. Sed
hoc est falsum, quia tunc esset nobilius omni homine.
Quod est manifeste contra eos, quia numquam commune
vel species est nobilius suo singulari, cum secundum modum eorum loquendi inferius semper includat suum superius et plus. Igitur illa forma communis, cum sit pars istius
hominis, non est nobilior isto homine. Et ita si subiectum

der für etwas Einzelnes noch für eine Intention der Seele.
Hieraus würde folgen: Er supponiert für etwas anderes[49].

Die gleiche Argumentation kann auf folgende Sätze an-
gewandt werden: "Das Seiende ist zuallererst das Eine";
"Gott ist zuallererst Person". Jeder dieser Sätze ist wahr, jedoch weder in bezug auf etwas Einzelnes noch in bezug auf
eine Intention der Seele, sondern in bezug auf etwas anderes. Da das Subjekt hier jedoch in einfacher Supposition
steht, kann sich diese nicht auf eine Intention der Seele beziehen.

Drittens. Ein gesprochenes Wort wird nicht von einem
gesprochenen Wort, ebensowenig eine Intention von einer
Intention ausgesagt, da sonst jeder Satz der Art "Der
Mensch ist ein Lebewesen" falsch wäre.

Ad 1. Zum ersten dieser Einwände ist zu sagen, daß die
Meinung derer falsch ist, die behaupten, das Subjekt des
Satzes "Der Mensch ist die würdigste aller Kreaturen" stehe
in einfacher Supposition[50]. Vielmehr hat "Mensch" in diesem Satz ausschließlich personale Supposition.

Auch ist ihre Begründung nicht schlüssig, sondern wider-
legt sie selbst. Sie argumentieren, daß der Satz falsch sei,
wenn "Mensch" in personaler Supposition steht, da dann
jeder der zugehörigen singulären Sätze falsch ist[51]. Doch
diese Begründung richtet sich gegen sie selbst: Stünde nämlich in diesem Satz "Mensch" in einfacher Supposition, d.h.
nicht für etwas Einzelnes, dann müßte er für etwas anderes
supponieren; folglich wäre diese (andere) Sache mit der
würdigsten aller Kreaturen identisch. Doch das ist falsch,
weil dann (diese Sache) erhabener wäre als jeder (einzelne)
Mensch. Dieses Ergebnis widerspricht aber jenen, weil etwas Allgemeines oder eine Art niemals erhabener ist als das
darin enthaltene Einzelne. Ihrer Meinung nach umfaßt das
Untergeordnete immer auch das Übergeordnete und noch
mehr. Daher ist die "allgemeine Form", sofern sie Teil dieses Menschen ist, nicht erhabener als dieser Mensch selbst.
Supponiert daher das Subjekt des Satzes "Der Mensch

in ista 'homo est dignissima creaturarum' supponeret pro aliquo alio ab homine singulari, ipsa esset simpliciter falsa.

Ideo dicendum est quod 'homo' supponit personaliter, et est de virtute sermonis falsa, quia quaelibet singularis est falsa. Tamen secundum intentionem ponentium eam vera est, quia non intendunt quod homo sit nobilior omni creatura universaliter, sed quod sit nobilior omni creatura quae non est homo. Et hoc est verum inter creaturas corporales, non autem est verum de substantiis intellectualibus. Et ita est frequenter quod propositiones authenticae et magistrales sunt falsae de virtute sermonis, et verae in sensu in quo fiunt, hoc est, illi intendebant per eas veras propositiones. Et ita est de ista.

Ad secundum dicendum quod omnes tales 'color est primum obiectum visus', 'homo est primo risibilis', 'ens est primo unum'; similiter 'homo est primo animal rationale', 'triangulus habet primo tres angulos', 'sonus est primum et adaequatum obiectum auditus', et ceterae tales / multae, sunt simpliciter falsae de virtute sermonis, tamen illae quas Philosophus intendebat per istas sunt verae.

Unde sciendum quod sicut frequenter Philosophus et alii accipiunt concretum pro abstracto et e converso, similiter aliquando accipiunt plurale pro singulari et e converso, ita frequenter accipiunt actum exercitum pro actu signato et e converso. Est autem actus exercitus qui importatur per hoc verbum 'est', vel aliquod huiusmodi, quod non tantum significat aliquid praedicari de aliquo sed exercet, praedicando unum de alio, sic dicendo 'homo est animal', 'homo

ist die würdigste aller Kreaturen" für etwas anderes als einen einzelnen Menschen, so ist dieser Satz falsch[52].

Man muß daher festhalten, daß "Mensch" hier in personaler Supposition steht; der Satz ist aber dem Wortlaut nach falsch, da jeder singuläre Beispielsatz falsch ist. Nach der Intention derer, die ihn bilden, ist der Satz jedoch wahr, da sie nicht zu sagen beabsichtigen, daß irgendein Mensch erhabener sei als gemeinhin jede Kreatur, sondern nur, daß er erhabener sei als jede Kreatur, die selbst kein Mensch ist. Dies trifft auf die körperhaften Kreaturen zu, ist jedoch in bezug auf die intellektuellen Substanzen nicht wahr. So ist es häufig der Fall, daß verbürgte Lehrsätze dem Wortlaut nach falsch sind, während sie ihrem intendierten Sinn nach wahr sind, d.h. ihre Autoren haben mit ihnen wahre Sätze gemeint[53]. Und so verhält es sich mit diesem Satz.

Ad 2. Alle Sätze der Art "Farbe ist das allererste Objekt des Sehvermögens", "Der Mensch ist zuallererst des Lachens fähig", "Das Seiende ist zuallererst das Eine", sowie "Der Mensch ist zuallererst ein vernunftbegabtes Lebewesen", "Das Dreieck hat zuallererst drei Winkel", "Der Ton ist das allererste und adäquate Objekt des Hörsinnes" sowie viele andere solcher Sätze sind dem Wortlaut nach falsch. Dagegen sind diejenigen Sätze wahr, welche Aristoteles mit ihnen eigentlich meinte [54].

Man muß wissen, daß Aristoteles und andere Autoren oftmals einen konkreten Ausdruck für ein Abstraktum und umgekehrt verwenden, ebenso mitunter den Plural (eines Wortes) für den Singular und umgekehrt[55]; in gleicher Weise verwenden sie häufig einen Aussagevollzug für eine Aussagebezeichnung und umgekehrt. Als *Aussagevollzug* gilt jedoch ein Satz, der mit dem Verb "ist" oder einem anderen Ausdruck dieser Art gebildet wird; er bezeichnet nicht nur, daß etwas von etwas anderem ausgesagt wird, sondern er "vollzieht" diese Aussage selbst indem das eine vom anderen ausgesagt wird –, z.B. "Der Mensch ist ein Lebewesen"; "Ein Mensch läuft"; "Ein Mensch disputiert" usw.

currit', 'homo disputat', et sic de aliis. Actus autem signatus est ille qui importatur per hoc verbum 'praedicari' vel 'subici' vel 'verificari' vel 'competere' vel huiusmodi, quae idem significant. Verbi gratia sic dicendo 'animal praedicatur de homine', hic non praedicatur animal de homine, quia in ista propositione animal subicitur et non praedicatur, et ideo est actus signatus. Et non est idem dicere 'animal praedicatur de homine' et 'homo est animal', quia una est multiplex et alia non. Sicut non est idem dicere quod genus praedicatur de hoc communi 'homo' et quod hoc commune 'homo' est genus. Nec est idem dicere 'genus praedicatur de specie' vel 'haec vox "animal" praedicatur de hac voce "homo"' et 'species est genus' vel 'haec vox "homo" est haec vox "animal"', nam primae duae sunt verae et secundae duae sunt falsae. Et tamen hoc non obstante Philosophus accipit aliquando actum exercitum pro actu signato et aliquando e converso, et ita faciunt multi alii. Et hoc facit multos incidere in errores.

Et ita est in proposito. Nam ista propositio 'homo est primo risibilis', accipiendo 'primo' sicut accipit Philosophus I *Posteriorum*, est ita falsa sicut ista 'species est genus', sed tamen actus signatus, in cuius loco ponitur, est simpliciter verus. Sicut haec est vera 'de homine praedicatur primo hoc praedicatum "risibile"'; et in isto actu / signato tam 'homo' quam 'risibile' supponit simpliciter pro

Als *Aussagebezeichnung* gilt dagegen jenes, was durch Verben wie "ausgesagt werden", "als Subjekt stehen", "wahrheitsgemäß ausgesagt werden" oder "zukommen" gemeint ist, die alle ein- und dasselbe bezeichnen. So wird z.B. im Satz "Lebewesen wird vom Menschen ausgesagt" der Ausdruck "Lebewesen" nicht wirklich von einem Menschen ausgesagt, da der Ausdruck "Lebewesen" in diesem Satz als Subjekt und nicht als Prädikat fungiert; es handelt sich daher um eine Aussagebezeichnung. Auch ist es nicht dasselbe zu sagen "Lebewesen wird vom Menschen ausgesagt" und "Der Mensch ist ein Lebewesen", da der erste Satz mehrdeutig ist, der zweite aber nicht. Ebenso ist es nicht dasselbe zu sagen, daß (1) Gattung (zu sein) von dem Allgemeinen "Mensch" ausgesagt wird oder daß (2) das Allgemeine "Mensch" eine Gattung ist. Ebensowenig handelt es sich um dasselbe, wenn man sagt (1) "Gattung wird von der Spezies ausgesagt" bzw. "Das gesprochene Wort 'Lebewesen' wird von dem gesprochenen Wort 'Mensch' ausgesagt" und (2) "Die Spezies ist eine Gattung" bzw. "Das gesprochene Wort 'Mensch' ist mit dem gesprochenen Wort 'Lebewesen' identisch"; die beiden ersten Sätze sind wahr, die beiden anderen jedoch falsch. Trotz dieses Unterschieds verwendet Aristoteles mitunter einen Aussagevollzug anstelle der Aussagebezeichnung (und umgekehrt); ebenso verhält es sich bei vielen anderen Autoren. Dies führt aber dazu, daß viele Irrtümern erliegen[56].

Das Gleiche läßt sich auch im Blick auf unser Beispiel sagen. Denn der Satz "Der Mensch ist zuallererst des Lachens fähig" ist ebenso falsch wie der Satz "Die Spezies ist eine Gattung" — faßt man den Ausdruck "zuallererst" hier so auf wie Aristoteles im ersten Buch seiner *Analytica Posteriora*[57]. Dagegen ist die Aussagebezeichnung, deren Stelle dieser Satz einnimmt, schlechthin wahr. So ist folgender Satz wahr: "Vom Menschen wird zuallererst das Prädikat 'Lachen-Können' ausgesagt". In dieser Aussagebezeichnung stehen sowohl "Mensch" als auch "Lachen-können" in einfacher Supposition für eine Intention der Seele, denn

intentione animae, nam de hac intentione animae praedicatur primo 'risibile', non tamen pro se sed pro singularibus. Et debet iste actus sic exerceri 'omnis homo est risibilis, et nihil aliud ab homine est risibile'; et ita in isto actu signato 'homo' supponit simpliciter et pro intentione. Sed in actu exercito correspondente 'homo' supponit personaliter et pro rebus singularibus, quia nulla res potest ridere nisi res singularis. Et ideo in actu signato bene ponitur hoc incomplexum 'primo', sed in actu exercito correspondente non debet poni 'primo'. Et quia 'primo' dicit idem quod praedicari de aliquo universaliter et de nullo nisi de quo illud praedicatur, ideo tali actui signato debent correspondere duo actus exerciti. Sic est de ista 'sonus est primum obiectum et adaequatum auditus'. Nam falsa est de virtute sermonis, quia aut 'sonus' supponit pro re singulari aut pro re communi; si pro re singulari, tunc est falsa, quia quaelibet singularis est falsa; si pro re communi, tunc adhuc est falsa, quia secundum istos nulla res communis apprehenditur a sensu, et ideo est simpliciter falsa de virtute sermonis. Tamen forte secundum communiter loquentes et bene intelligentes per istam intelligitur unus actus signatus, et est iste 'de sono praedicatur primo esse apprehensibile ab auditu', / quia de hoc communi praedicatur primo tale praedicatum. Non tamen pro se sed pro singularibus, quia in tali propositione ubi subicitur hoc commune 'sonus' et praedicatur

von dieser Intention wird zuallererst "Lachen-können"
ausgesagt, jedoch nicht in bezug auf sich selbst, sondern in
bezug auf die einzelnen (Menschen, welche sie bezeichnet).
Diese Aussage(bezeichnung) muß nun folgendermaßen in
einen Aussagevollzug umgewandelt werden: "Jeder Mensch
ist des Lachens fähig; und nichts außer dem Menschen ist
des Lachens fähig". In der (obengenannten) Aussagebezeichnung steht "Mensch" in einfacher Supposition für
eine Intention[58]; in dem ihr korrespondierenden Aussagevollzug supponiert "Mensch" dagegen in personaler
Supposition für einzelne Dinge, denn nichts kann lachen, es
sei denn eine einzelne Sache. Der inkomplexe Ausdruck
"zuallererst" wird somit in der Aussagebezeichnung korrekt
verwendet, während er in dem ihr korrespondierenden
Aussagevollzug nicht verwendet werden darf. Da
"zuallererst" dasselbe bedeutet wie "allgemein von etwas
und von nichts anderem als dem ausgesagt werden, wovon
das Betreffende ausgesagt wird", müssen einer solchen Aussagebezeichnung (immer) zwei Aussagevollzüge korrespondieren[59]. Ebenso verhält es sich auch mit dem Satz "Der
Ton ist das allererste und adäquate Objekt des Hörsinnes".
Dem Wortlaut nach ist dieser Satz falsch, da "Ton" dann
entweder für eine einzelne Sache oder aber für etwas Allgemeines supponiert. Supponiert der Ausdruck für etwas
Einzelnes, dann ist der Satz falsch, da jeder singuläre Beispielsatz falsch ist. Supponiert er aber für etwas Allgemeines, so ist der Satz ebenfalls falsch, da man — auch nach
Meinung unserer Gegner — keine allgemeine Sache mit den
Sinnen wahrnimmt. Der Satz ist also dem Wortlaut nach
schlechthin falsch[60]. Nach allgemeinem Dafürhalten und
richtigem Verständnis bezieht man sich mit diesem Satz jedoch auf folgende Aussagebezeichnung: "Mit dem Hörsinn
wahrnehmbar zu sein wird zuallererst vom Ton ausgesagt";
denn von diesem Allgemeinen wird zuallererst ein solches
Prädikat ausgesagt. Jedoch wird es von ihm nicht für es
selbst ausgesagt, sondern allein für die einzelnen Töne, da
der Ausdruck "Ton" in einem solchen Satz, in welchem der
Allgemeinbegriff "Ton" das Subjekt und der Ausdruck
"wahrnehmbar mit dem Hörsinn" das Prädikat bil-

hoc praedicatum 'apprehensibile a potentia auditiva', 'sonus' non supponit pro se et simpliciter, sed supponit pro singularibus. Sicut in ista 'omnis sonus est apprehensibilis a potentia auditiva' subicitur hoc commune 'sonus', et tamen non pro se sed pro singularibus. Et ita in actu signato 'sonus' supponit simpliciter et pro intentione animae, sed in actu exercito utroque supponit personaliter et pro singularibus, hoc est pro suis significatis.

Exemplum de praedictis est manifestum in theologia. Nam haec est vera 'substantia intellectualis completa, non dependens ad aliud suppositum, est primo persona' eadem ratione qua ista est vera 'homo est primo risibilis', quia eadem ratio est de una et de alia. Tunc quaero: aut subiectum istius propositionis supponit personaliter et pro singularibus, et tunc est falsa, quia quaelibet singularis est falsa; patet inductive. Aut supponit simpliciter et pro forma communi, et tunc est falsa, quia nulla forma communis, nec primo nec non primo, est persona, quia omni communi — etiam secundum eos — repugnat ratio personae. Idem est de istis 'singulare est primo unum numero', 'individuum primo distinguitur a communi', et sic de multis talibus, quae falsae sunt de virtute sermonis, et tamen actus signati correspondentes sunt veri.

Ideo dicendum est, sicut prius, quod suppositio simplex est quando terminus supponit pro intentione animae, quae

den, nicht für sich selbst und schlechthin, sondern für einzelne Dinge supponiert. So bildet der allgemeine Terminus "Ton" im Satz "Jeder Ton kann mit dem Hörsinn wahrgenommen werden" das Subjekt, wobei er jedoch nicht für sich selbst, sondern für etwas Einzelnes supponiert. Ebenso steht "Ton" in der Aussagebezeichnung in einfacher Supposition für eine Intention der Seele; in jedem der beiden Aussagevollzüge supponiert er dagegen in personaler Supposition für einzelne Dinge, d.h. für dasjenige, was dieser Terminus bezeichnet[61].

Im Bereich der Theologie begegnet man einem weiteren Beispiel für die obigen Überlegungen. So ist der Satz "Eine vollständige intellektuelle Substanz, die von nichts anderem als Zugrundeliegendem abhängt, ist zuallererst Person" aus demselben Grund wahr wie der Satz "Der Mensch ist zuallererst des Lachens fähig"; denn ein- und dieselbe Begründung trifft sowohl auf den ersten als auch auf den zweiten Satz zu. Ich frage dann: (1) Entweder supponiert das Subjekt dieses Satzes in personaler Supposition für einzelne Dinge; dann aber ist der Satz falsch, da jeder singuläre Beispielsatz falsch ist. Dies folgt aufgrund einer Induktion. (2) Oder es supponiert in einfacher Supposition für eine allgemeine Form; auch dann ist der Satz falsch, da keine allgemeine Form — ob nun "zuallererst" oder nicht — mit einer Person identisch sein kann. Denn auch nach Meinung der Gegner widerstreitet der Begriff der Person dem des Allgemeinen. Dasselbe gilt für folgende Sätze: "Das Einzelne ist zuallererst das der Zahl nach Eine"; "Das Individuum unterscheidet man zuallererst vom Allgemeinen", sowie viele andere solcher Sätze, die dem Wortlaut nach falsch sind. Gleichwohl handelt es sich bei den ihnen korrespondierenden Aussagebezeichnungen um wahre Sätze.

Man muß daher — wie schon zuvor gesagt — daran festhalten, daß die einfache Supposition dann vorliegt, wenn ein Terminus für eine Intention der Seele supponiert, die entweder etwas Allgemeines — aufgrund ihrer Aussagbarkeit

est communis per praedicationem pluribus, aliquando autem est propria uni. Et huius ratio est quia nihil est a parte rei quin sit simpliciter singulare.

Unde error istorum omnium qui credebant aliquid esse in re praeter singulare et quod humanitas, quae est distincta a singularibus, est aliquid in individuis et de essentia eorum, induxit eos in istos errores et multos alios logicales. Hoc tamen ad logicum non pertinet considerare, sicut dicit Porphyrius in prologo, sed logicus tantum / habet dicere quod suppositio simplex non est pro suo significato; sed quando terminus est communis habet dicere quod suppositio simplex est pro aliquo communi suis significatis. Utrum autem illud commune sit in re vel non, ad eum non pertinet.

Ad tertium dicendum est quod vox praedicatur de voce et similiter intentio de intentione, non tamen pro se sed pro re. Et ideo per talem propositionem 'homo est animal', quamvis vox praedicetur de voce vel intentio de intentione, non denotatur quod una vox sit alia vel quod una intentio sit alia, sed denotatur quod illud pro quo stat vel supponit subiectum sit illud pro quo stat vel supponit praedicatum.

Si autem adhuc obiciatur contra praedicta quod haec est vera 'piper venditur hic et Romae', et tamen nulla singularis est vera. Et non est vera nisi secundum quod 'piper' supponit simpliciter; et non pro intentione; igitur suppositio simplex non est pro intentione:

von vielem — ist oder aber nur einer einzigen Sache zukommt. Als Grund dafür gilt, daß es auf der Seite der Dinge nichts gibt, was nicht etwas Einzelnes ist[62].

Zu diesen und vielen anderen logischen Fehlern führte daher der Irrtum derer, die glaubten, daß es etwas über das Einzelne Hinausgehendes in den Dingen gibt und daß z.B. das "Menschsein", das von den je einzelnen Menschen verschieden ist, einer Sache innerhalb der Individuen und ihrem Wesen gleichzusetzen ist. Dies zu betrachten ist jedoch nicht Sache des Logikers, wie auch Porphyrius in seinem *Prolog* meint[63]; vielmehr hat der Logiker nur zu sagen, daß sich die einfache Supposition nicht auf das bezieht, was ein Terminus bezeichnet. Er hat dagegen in bezug auf einen allgemeinen Terminus festzustellen, daß sich die einfache Supposition auf etwas bezieht, was denjenigen, welche der Terminus bezeichnet, allgemein zukommt. Es geht den Logiker jedoch nichts an, ob sich dieses Allgemeine nun in der Sache selbst befindet oder nicht[64].

Ad 3. Ein gesprochenes Wort wird von einem gesprochenen Wort ausgesagt, ebenso eine Intention von einer Intention; dies gilt jedoch nicht in bezug auf sie selbst, sondern ist nur in bezug auf eine Sache der Fall. Obgleich aber ein gesprochenes Wort von einem gesprochenen Wort oder eine Intention von einer Intention ausgesagt wird, wird mit dem Satz "Der Mensch ist ein Lebewesen" nicht behauptet, daß das eine gesprochene Wort mit dem anderen oder die eine Intention mit der anderen identisch ist. Vielmehr wird hier behauptet, daß das, wofür das Subjekt steht oder supponiert, mit demjenigen identisch ist, wofür das Prädikat steht oder supponiert[65].

Gegen das Obengesagte ließe sich aber folgendes einwenden: Der Satz "Pfeffer wird hier und in Rom verkauft" ist wahr; jedoch ist kein singulärer Beispielsatz wahr. Der Satz sei somit nur dann wahr, wenn "Pfeffer" in einfacher Supposition und dabei nicht für eine Intention der Seele supponiere. Somit gälte: die einfache Supposition bezieht sich nicht auf eine Intention.

Dicendum quod ista propositio si sit de copulato extremo est simpliciter falsa, quia quaelibet singularis est falsa. Etiam secundum quod habet suppositionem simplicem est falsa, quia nullus vult emere illud commune 'piper', sive sit in re extra sive in anima, sed quilibet intendit emere aliquam rem singularem quam non habet. Sed illa propositio vera est si sit copulativa, scilicet ista 'piper venditur hic et piper venditur Romae', quia ambae partes sunt verae pro diversis singularibus. Unde non plus est ista vera 'piper venditur hic et Romae' quam ista 'piper singulare venditur hic et Romae'.

[CAP. 67. De suppositione materiali in speciali]

Praemissa divisione suppositionis dicendum est de membris in speciali, et primo de suppositione materiali.

Circa quod sciendum quod suppositio materialis cuilibet quod quo/cumque modo potest esse pars propositionis competere potest. Omne enim tale potest esse extremum propositionis et pro voce vel scripto supponere. Et de nominibus quidem est manifestum, sicut patet in istis 'homo: est nomen', 'homo: est numeri singularis'.

Hoc etiam idem patet de adverbiis, verbis, pronominibus, coniunctionibus, praepositionibus, interiectionibus, sicut patet in istis 'bene: est adverbium', 'legit: est indicativi modi', 'legens: est participium', 'iste: est pronomen', 'si: est coniunctio', 'ex: est praepositio', 'heu: est interiectio'. Similiter etiam propositiones et orationes talem suppositionem habere possunt, sicut patet in istis 'homo est animal:

Hierzu ist zu sagen, daß der genannte Satz falsch ist, wenn man seinen Prädikatsausdruck als eine Konjunktion auffaßt; denn jeder singuläre Beispielsatz ist dann falsch. Aber auch wenn man einfache Supposition annimmt, ist dieser Satz falsch, denn niemand will Pfeffer im allgemeinen kaufen — es handele sich dabei nun um eine Sache außerhalb oder innerhalb der Seele. Vielmehr möchte jeder eine bestimmte einzelne Sache kaufen, die er noch nicht besitzt. Der zitierte Satz ist jedoch dann wahr, wenn man ihn als kopulativen Satz versteht, nämlich: "Pfeffer wird hier verkauft, und Pfeffer wird in Rom verkauft". Beide Teilsätze sind für jeweils verschiedene einzelne Dinge wahr. So kommt dem Satz "Pfeffer wird hier und in Rom verkauft" keine größere Wahrheit zu als dem Satz "Jeweils einzelner Pfeffer wird hier und in Rom verkauft"[66].

KAP. 67. Zur materialen Supposition im besonderen

Nach der ersten Einteilung der Supposition wenden wir uns nun ihren einzelnen Unterarten zu. Zuerst behandeln wir die materiale Supposition.

Für die materiale Supposition gilt, daß sie allem zukommen kann, was — auf welche Weise auch immer — Teil eines Satzes sein kann. Alles Derartige kann nämlich Satzglied sein und für ein gesprochenes oder geschriebenes Wort supponieren. Dies ist zunächst bei den Nomina der Fall, z.B. in Sätzen wie "'Mensch' ist ein Nomen", "'Mensch' steht im Singular".

Das Gleiche gilt aber auch für Adverbien, Verben, Pronomina, Konjunktionen, Präpositionen und Interjektionen; z.B. "'Gut' ist ein Adverb"; "'Liest' steht im Indikativ"; "'Lesend' ist ein Partizip"; "'Dieser' ist ein Pronomen", "'Wenn' ist eine Konjunktion"; "'Aus' ist eine Präposition"; "'Ach' ist eine Interjektion". Ebenso können Sätze und Satzbildungen diese Supposition aufweisen; z.B.: "'Der Mensch ist ein Le-

est propositio vera', 'hominem currere: est oratio', et sic de consimilibus.

Et potest ista suppositio non tantum competere voci sed etiam scripto et parti propositionis mentalis, sive sit propositio sive pars propositionis et non propositio. Unde breviter, omni complexo et incomplexo competere potest.

Potest autem dividi suppositio materialis, quia quaedam est quando vox vel scriptum supponit pro se, sicut in istis 'homo: est nomen', 'hominis: est genitivi casus', 'homo est animal: est propositio vera', 'bene: est adverbium', 'legit: est verbum' et huiusmodi. Quandoque autem vox vel scriptum vel conceptus mentis non supponit pro se sed pro voce vel scripto, quod tamen scriptum vel quam vocem non significat. Sicut in ista propositione vocali 'animal: praedicatur de homine', haec vox 'homine' non supponit pro hac voce 'homine', quia 'animal' non praedicatur de hac voce 'homine'; sed ibi illud incomplexum 'homine' supponit pro hac voce 'homo', quia de hac voce 'homo' praedicatur 'animal', sic dicendo 'homo est animal'. Similiter in ista 'hominem currere est verum', illud subiectum 'hominem currere' non supponit pro se, sed supponit pro ista propositione 'homo currit', quam tamen non significat.

Similiter in talibus 'homo: praedicatur de asino in obliquo', li homo supponit pro obliquo tali 'hominis' vel 'hominem' vel huiusmodi, quia / in ista propositione 'asinus est hominis' non praedicatur haec vox 'homo' sed haec vox

bewesen' ist ein wahrer Satz"; "'Daß der Mensch läuft', ist eine Satzbildung" usw.

Die materiale Supposition kann aber nicht nur einem gesprochenen, sondern ebenso einem geschriebenen Wort sowie dem Teil eines mentalen Satzes zukommen, handele es sich nun um einen ganzen Satz oder nur um den Teil eines Satzes. Kurz gesagt, diese Supposition kann jedem komplexen und inkomplexen Ausdruck zukommen.

Die materiale Supposition läßt sich aber noch weiter untergliedern, da *das eine Mal* ein gesprochenes oder geschriebenes Wort für sich selbst supponiert; z.B. in Sätzen wie "'Mensch' ist ein Hauptwort"; "'(Des) Menschen' zeigt den Genitiv an"; "'Der Mensch ist ein Lebewesen' ist ein wahrer Satz"; "'Gut' ist ein Adverb"; "'Liest' ist ein Verb", usw. *Ein anderes Mal* supponiert dagegen ein gesprochenes oder geschriebenes Wort bzw. ein mentaler Begriff nicht etwa für sich selbst, sondern für ein anderes gesprochenes oder geschriebenes Wort, welches es jedoch nicht bezeichnet. So supponiert das gesprochene Wort "(von) dem Menschen" innerhalb des gesprochenen Satzes "'Lebewesen' wird von dem Menschen ausgesagt" nicht für das gesprochene Wort "(von dem) Menschen", da "Lebewesen" (hier) nicht von dem gesprochenen Wort "(von) dem Menschen", ausgesagt wird. Vielmehr supponiert in diesem Fall der inkomplexe Ausdruck "(von dem) Menschen" für das gesprochene Wort "Mensch", da nur von diesem gesprochenen Wort "(der) Mensch" der Terminus "Lebewesen" ausgesagt wird, etwa wenn man sagt: "Der Mensch ist ein Lebewesen". Ebenso supponiert im Satz "Daß der Mensch läuft, ist wahr" der Subjektsausdruck "daß der Mensch läuft" nicht für sich selbst, sondern für den Satz "Der Mensch läuft", welchen er jedoch nicht bezeichnet.

In gleicher Weise supponiert das Wort "Mensch" in Sätzen wie "'Mensch' wird (nur) in abgeleitetem Kasus (hier: Genitiv) von einem Esel ausgesagt" für eine bestimmte Kasusform, etwa "(des) Menschen" oder "(den) Menschen". Denn in dem Satz "Ein Esel ist (im Besitz) des Menschen" wird nicht das gesprochene Wort "Mensch", sondern das

'hominis'. Similiter hic 'qualitas praedicatur de subiecto in concreto', li qualitas supponit pro concretis praedicabilibus de subiecto.

[CAP. 68. De suppositione simplici]

Sicut autem cuilibet complexo et incomplexo potest competere suppositio materialis, ita cuilibet complexo et incomplexo significativo vel consignificativo potest competere suppositio simplex, nam quodlibet tale, sive sit mentale sive vocale sive scriptum, potest supponere pro conceptu mentis, sicut patet inductive.

Et sicut quandoque suppositio materialis est pro illo quod supponit, et quandoque non pro illo quod supponit sed pro alio, quod tamen non significat, ita terminus mentalis supponens simpliciter quandoque supponit pro se, sicut in istis 'homo est species', 'animal est genus', / et sic de aliis; quandoque autem supponit pro alia intentione animae, quam tamen non significat, sicut in tali propositione mentali 'hominem esse animal est propositio vera'. Et sic potest dici de multis aliis.

[CAP. 69. De suppositione personali]

Nunc accedendum est ad suppositionem personalem.

Circa quam est sciendum quod solum categorema, quod est extremum propositionis, significative acceptum, supponit personaliter. Per primum excluduntur omnia syncategoremata, sive sint nomina sive coniunctiones sive adverbia sive praepositiones sive quaecumque alia, si alia sint. Per se-

gesprochene Wort "des Menschen" prädiziert. Ebenso supponiert das Wort "Qualität" im Satz "Qualität wird von einem konkreten Subjekt ausgesagt" für konkrete Namen, die von einem Subjekt ausgesagt werden können.

KAP. 68. Zur einfachen Supposition

So wie jedem komplexen und inkomplexen Ausdruck materiale Supposition zukommen kann, so kann auch jedem komplexen oder inkomplexen Ausdruck, der etwas bezeichnet oder mitbezeichnet, einfache Supposition zukommen; denn jeder Ausdruck dieser Art, sei er nun mental, gesprochen oder geschrieben, kann für einen mentalen Begriff supponieren. Dies ergibt sich induktiv[67].

Wie aber manchmal ein Terminus in materialer Supposition nur für sich selbst, ein anderes Mal aber nicht für sich selbst, sondern für etwas anderes supponiert, welches er jedoch nicht bezeichnet, so supponiert manchmal ein mentaler Terminus in einfacher Supposition für sich selbst[68], z.B. in Sätzen wie "Mensch ist eine Art"; "Lebewesen ist eine Gattung" usw.; ein anderes Mal supponiert er jedoch für eine andere Intention der Seele, die er jedoch nicht bezeichnet; so z.B. in einem solchen mentalen Satz wie: "Daß der Mensch ein Lebewesen ist, ist ein wahrer Satz". Das Gleiche kann für viele andere Beispiele gelten.

KAP. 69. Zur personalen Supposition

Wir haben uns nun der personalen Supposition zuzuwenden.

Für diese gilt: Nur ein (1) kategorematischer Ausdruck, der (2) ein Satzglied bildet und (3) signifikativ verwendet wird, hat personale Supposition. Mit der ersten Bedingung werden alle synkategorematischen Ausdrücke ausgegrenzt, seien es nun Nomina, Konjunktionen, Adverbien, Präpositionen oder andere Wörter, falls es solche gibt[69]. Mit der zweiten Bedingung wird jedes Verb ausgegrenzt, da ein

cundum excluditur omne verbum, quia numquam verbum potest esse extremum propositionis quando accipitur significative.

Et si dicatur quod sic dicendo 'legere est bonum', li legere accipitur significative et tamen supponit, dicendum quod ibi 'legere' non est verbum sed est nomen, et ita est ex usu quod infinitivus modus non tantum est verbum sed nomen. Unde si 'legere' remaneret ibi verbum, et non plus esset nomen quam 'legit', non magis esset haec vera 'legere est bonum' quam ista 'legit est bonum'.

Sed unde est hoc? Dico quod hoc est ex usu loquentium.

Per illam particulam 'extremum propositionis' excluditur pars extremi, quantumcumque sit nomen et categorema. Sicut hic 'homo albus est animal' nec 'homo' supponit nec 'albus' supponit sed totum extremum supponit. Et ideo quantumcumque aliquando partes extremorum se habeant secundum superius et inferius, non oportet consequentiam esse bonam inter illas propositiones, quia illa regula debet intelligi quando ipsa extrema quae supponunt in propositionibus ordinantur secundum su/perius et inferius. Unde non sequitur 'tu es vadens ad forum, ergo tu es exsistens ad forum'; et tamen 'vadens' et 'exsistens' ordinantur secundum superius et inferius; sed ista extrema 'vadens ad forum' et 'exsistens ad forum' non sic ordinantur, ideo consequentia non valet. Tamen aliquando consequentia valet, quia aliquando non possunt tales partes ordinari secun-

Verb niemals ein Satzglied bilden kann, sofern es signifikativ aufgefaßt wird.

Man könnte nun einwenden, daß das Wort "Lesen" im Satz "Lesen ist gut" signifikativ aufgefaßt wird und es dennoch supponiert. Dazu ist zu sagen, daß "Lesen" hier nicht als Verb, sondern als Nomen verwendet wird. Es ist hier eine Folge des Sprachgebrauches, daß der Infinitiv nicht nur als Verb, sondern auch als Nomen verstanden werden kann. Wenn nämlich "Lesen" in diesem Falle ein Verb bliebe und damit ebensowenig ein Nomen wäre wie etwa "liest", dann wäre der Satz "Lesen ist gut" ebenso falsch wie der Satz "Liest ist gut".

Warum aber ist dies so? Ich behaupte: aufgrund des Sprachgebrauches.

Durch die Teilbestimmung "ein Satzglied" wird alles ausgegrenzt, was selbst nur den Teil eines Satzgliedes bildet, selbst wenn es sich dabei um ein Nomen und einen kategorematischen Ausdruck handelte[70]. So haben in dem Satz "Der weiße Mensch ist ein Lebewesen" weder "Mensch" noch "weiß" für sich genommen Supposition; es supponiert vielmehr nur das vollständige Satzglied ("weißer Mensch"). Es muß daher, wenn auch bisweilen Teile von Satzgliedern im Verhältnis größerer oder geringerer Allgemeinheit zueinander stehen, daraus noch kein gültiger Schluß von einem dieser Sätze auf den anderen folgen. Die diese Schlußfolgerungen betreffende Regel gilt nämlich nur, wenn jeweils die vollständigen Satzglieder, die in solchen Sätzen supponieren, selbst im Verhältnis größerer oder geringerer Allgemeinheit zueinander stehen. So ist folgender Schluß unzulässig: "Du gehst auf dem Forum umher; also existierst Du auf dem Forum"; gleichwohl stehen hier "gehen" und "existieren" im Verhältnis größerer und geringerer Allgemeinheit zueinander. Da dies aber auf das Verhältnis der Satzglieder "zum Forum gehen" und "auf dem Forum existieren" nicht zutrifft, ist der Schluß ungültig[71] . Mitunter ist ein solcher Schluß jedoch zulässig, da solche Teile (von Satzgliedern) bisweilen nur dann im Verhältnis größerer und geringerer Allgemeinheit zueinander stehen können, wenn sich auch die vollständigen Satzglieder so zueinander

dum superius et inferius nisi etiam tota extrema sic ordi-
nentur vel possint sic ordinari, sicut patet hic 'homo albus —
animal album', 'videns hominem — videns animal' et sic de
multis aliis. Et ideo frequenter est talis consequentia bona
sed non semper, et ita pars extremi non supponit in tali
propositione, tamen in alia propositione supponere potest.

Per tertiam particulam 'significative acceptum' excluduntur categoremata talia quando supponunt simpliciter
vel materialiter. Tunc enim, quia non accipiuntur significative, ideo personaliter non supponunt, sicut hic 'homo est
nomen', 'homo est species', et in consimilibus.

[CAP. 70. De divisionibus suppositionis personalis]

Suppositio personalis potest dividi primo in suppositionem discretam et communem. Suppositio discreta est in
qua supponit nomen proprium alicuius vel pronomen demonstrativum significative sumptum; et talis suppositio
reddit propositionem singularem, sicut hic 'Sortes est homo', 'iste homo est homo', et sic de aliis.

Et si dicatur quod haec est vera 'haec herba crescit in
horto meo', et tamen subiectum non habet suppositionem
discretam, dicendum est quod ista propositio est falsa de
virtute sermonis; sed per eam intelligitur talis propositio
'talis herba crescit in horto meo', ubi subiectum supponit
determinate. Unde advertendum est quod quando / aliqua
propositio falsa est de virtute sermonis, sed tamen aliquem
sensum verum habet, ipsa accepta in illo sensu, debent subiectum et praedicatum habere eandem suppositionem
quam habent in illa quae de virtute sermonis est vera.

verhalten oder verhalten können; z.B. in folgenden Fällen: "ein weißer Mensch — ein weißes Lebewesen"; "einen Menschen sehend — ein Lebewesen sehend" usw. Wenn auch nicht immer, so ist eine solche Schlußfolgerung doch häufig zulässig. Weist der Teil eines Satzgliedes in einem solchen Satz keine Supposition auf, so kann er dennoch in einem anderen Satz supponieren.

Mit der dritten Teilbestimmung "signifikativ verwendet" grenzt man solche kategorematischen Ausdrücke aus, die in einfacher oder materialer Supposition stehen. Dann nämlich wenn sie nicht signifikativ verwendet werden, stehen sie nicht in personaler Supposition; dies gilt für Sätze wie: "Mensch ist ein Nomen", "Mensch ist eine Spezies" und ähnliche mehr.

KAP. 70. Zur Einteilung der personalen Supposition

Hinsichtlich der personalen Supposition kann man zunächst zwischen der diskreten und der allgemeinen Supposition unterscheiden. *Diskrete Supposition* liegt vor, wenn ein signifikativ aufgefaßter Eigenname oder ein signifikativ aufgefaßtes Demonstrativpronomen supponieren. Eine solche Supposition ergibt einen singulären Satz, z.B.: "Sokrates ist ein Mensch"; "Dieser Mensch ist ein Mensch" usw.[72]

Nun könnte man einwenden, daß der Satz "Diese Pflanze wächst in meinem Garten" zwar wahr sei, das Subjekt jedoch keine diskrete Supposition aufweise. Hierzu ist zu sagen, daß dieser Satz dem Wortlaut nach falsch ist. Man versteht unter ihm jedoch folgenden Satz: "Eine solche Pflanze wächst in meinem Garten"; hier steht das Subjekt in determinierter Supposition[73]. Es ist deshalb folgendes festzustellen: Ist ein Satz dem Wortlaut nach falsch, hat er jedoch irgendeinen wahren Sinn und wird diesem Sinn entsprechend verstanden, so müssen Subjekt und Prädikat dieselbe Supposition aufweisen, die ihnen in demjenigen Satz zukommt, der dem Wortlaut nach wahr ist[74].

Suppositio personalis communis est quando terminus communis supponit, sicut hic 'homo currit', 'omnis homo est animal'.

Suppositio personalis communis dividitur in suppositionem confusam et determinatam. Suppositio determinata est quando contingit descendere per aliquam disiunctivam ad singularia; sicut bene sequitur 'homo currit, igitur iste homo currit, vel ille', et sic de singulis. Et ideo dicitur suppositio determinata quia per talem suppositionem denotatur quod talis propositio sit vera pro aliqua singulari determinata; quae singularis determinata sola, sine veritate alterius singularis, sufficit ad verificandam talem propositionem. Sicut ad veritatem istius 'homo currit' requiritur quod aliqua certa singularis sit vera. Et quaelibet sufficit, etiam posito quod quaelibet alia esset falsa; tamen frequenter multae vel omnes sunt verae. Est igitur regula certa, quod quando sub termino communi contingit descendere ad singularia per propositionem disiunctivam, et ex qualibet singulari infertur talis propositio, tunc ille terminus habet suppositionem personalem determinatam. Et ideo in ista propositione 'homo est animal' utrumque extremum habet suppositionem determinatam, quia sequitur 'homo est animal, igitur iste homo est animal vel ille', et sic de singulis. Similiter sequitur 'iste homo est animal', quocumque demonstrato, 'igitur homo est animal'. Similiter sequitur 'homo est animal, igitur homo est hoc animal vel illud animal vel illud', et sic de singulis. Et bene sequitur 'homo est hoc animal', quocumque animali demonstrato,

Allgemeine personale Supposition liegt vor, wenn ein allgemeiner Terminus supponiert, wie z.B. in: "Ein Mensch läuft"; "Jeder Mensch ist ein Lebewesen".

Bei der allgemeinen Supposition unterscheidet man zwischen einer konfusen und einer determinierten Supposition. *Determinierte Supposition* liegt vor, wenn man mittels eines disjunktiven Satzes zu den singulären Supposita absteigen kann. So gilt etwa folgender Schluß: "Ein Mensch läuft; also läuft dieser Mensch oder jener Mensch (usw. für jeden einzelnen Menschen)". Man spricht deshalb von einer determinierten Supposition, weil durch sie angegeben wird, daß der entsprechende Satz für irgendeinen bestimmten singulären Satz wahr ist[75]. Dieser bestimmte singuläre Satz allein genügt zur Verifikation eines solchen Satzes, ohne daß noch ein anderer singulärer Satz wahr sein müßte. So erfordert die Wahrheit des Satzes "Ein Mensch läuft" nur, daß ein bestimmter einzelner (Beispiel-)Satz wahr ist. Und zwar genügt hierzu ein einziger Satz, selbst wenn gleichzeitig jeder andere Satz falsch wäre. Häufig sind jedoch mehrere bzw. alle singulären Beispielsätze wahr. Es gilt daher folgende Regel: Kann man mittels eines disjunktiven Satzes von einem allgemeinen Terminus zu den einzelnen Supposita absteigen, und kann außerdem ein solcher Satz aus jedem singulären Satz abgeleitet werden, so hat der betreffende Terminus personale determinierte Supposition[76]. Daher steht in folgendem Satz "Ein Mensch ist ein Lebewesen" jedes Satzglied in determinierter Supposition, denn es folgt: "Ein Mensch ist ein Lebewesen; also ist dieser Mensch ein Lebewesen oder jener Mensch (ein Lebewesen) usw.". Ebenso folgt – auf wen auch immer man sich dabei bezieht – : "Dieser Mensch ist ein Lebewesen; also ist ein Mensch in Lebewesen". Auch folgt: " Ein Mensch ist ein Lebewesen; also ist ein Mensch dieses Lebewesen oder jenes Lebewesen oder jenes Lebewesen usw." Ebenso gilt der Schluß: "Ein Mensch ist dieses Lebewesen" – auf welches Lebewesen auch immer man dabei hinweist – ; "also ist ein Mensch ein

'igitur homo est animal'. Ideo tam 'homo' quam 'animal' habet suppositionem determinatam. /

Suppositio personalis confusa est omnis suppositio personalis termini communis, quae non est determinata. Et illa dividitur, quia quaedam est suppositio confusa tantum et quaedam est suppositio confusa et distributiva.

Suppositio personalis confusa tantum est quando terminus communis supponit personaliter et non contingit descendere ad singularia per disiunctivam, nulla variatione facta a parte alterius extremi, sed per propositionem de disiuncto praedicato, et contingit eam inferri ex quocumque singulari. Verbi gratia in ista 'omnis homo est animal', li animal supponit confuse tantum, quia non contingit descendere sub animali ad sua contenta per disiunctivam; quia non sequitur 'omnis homo est animal, igitur omnis homo est hoc animal, vel omnis homo est illud animal, vel omnis homo est aliud animal' et sic de singulis. Sed bene contingit descendere ad propositionem de disiuncto praedicato ex singularibus, quia bene sequitur 'omnis homo est animal, igitur omnis homo est hoc animal vel illud', et sic de singulis; quia consequens est una categorica, composita ex hoc subiecto 'homo' et hoc praedicato 'hoc animal vel illud vel illud', et sic de singulis. Et manifestum est quod hoc praedicatum vere praedicatur de omni homine, ideo illa universalis est simpliciter vera. Et similiter ista infertur ex quolibet contento animalis, nam bene sequitur 'omnis homo est hoc animal', quocumque animali demonstrato, 'igitur omnis homo est animal'.

Suppositio confusa et distributiva est quando contingit aliquo modo descendere copulative, si habeat multa con-

Lebewesen". Daher stehen sowohl „Mensch" als auch "Lebewesen" in determinierter Supposition.

Als *personal-konfuse Supposition* gilt jede personale Supposition eines allgemeinen Terminus, die keine determinierte Supposition ist. Man unterscheidet bei ihr zwischen der allein-konfusen und der konfus-distributiven Supposition.

Allein-konfuse Supposition liegt vor, wenn (1) ein allgemeiner Terminus personal supponiert, man aber (2) nicht mittels eines disjunktiven Satzes zu den singulären Supposita absteigen kann, ohne gleichzeitig bei dem jeweils anderen Satzglied eine Veränderung vorzunehmen, wenngleich dies (3) mittels eines Satzes mit disjunktivem Prädikat möglich ist. Außerdem muß (4) der Ursprungssatz aus jedem einzelnen Suppositum des Terminus abgeleitet werden können[77]. So steht z.B. der Ausdruck "Lebewesen" innerhalb des Satzes "Jeder Mensch ist ein Lebewesen" in allein-konfuser Supposition. Von "Lebewesen" kann man nämlich nicht mittels eines disjunktiven Satzes zu den singulären Supposita absteigen (vgl. 2); denn es folgt nicht: "Jeder Mensch ist ein Lebewesen; also gilt: Jeder Mensch ist dieses Lebewesen, oder jeder Mensch ist jenes Lebewesen, oder jeder Mensch ist dieses andere Lebewesen usw.". Man kann jedoch (vgl. 3) zu einem Satz absteigen, dessen Prädikat aus einer Disjunktion singulärer Termini besteht. So folgt: "Jeder Mensch ist ein Lebewesen; also gilt: jeder Mensch ist dieses Lebewesen oder jenes usw."; der Schlußsatz ist ein kategorischer Satz, der aus dem Subjekt "Mensch" und dem Prädikat "dieses oder jenes oder jenes Lebewesen" zusammengesetzt ist. Es ist offensichtlich, daß man dieses (disjunktive) Prädikat zurecht von jedem Menschen aussagt; also ist auch dieser universale Satz schlechthin wahr. Auch läßt sich (vgl. 4) dieser Satz aus jedem beliebigen Suppositum von "Lebewesen" ableiten, denn es folgt, auf welches Lebewesen man auch hinweist: "Jeder Mensch ist dieses Lebewesen; also gilt: Jeder Mensch ist ein Lebewesen".

Konfus-distributive Supposition liegt vor, wenn man auf eine bestimmte Weise mittels eines kopulativen Satzes zu

tenta et ex nullo uno formaliter infertur. Sicut est in ista
'omnis homo est animal', cuius subiectum supponit confuse et distributive: sequitur enim 'omnis homo est animal,
igitur iste homo est animal et ille homo est animal', et sic
de singulis; et non sequitur formaliter 'iste homo est animal', quocumque demonstrato, 'igitur omnis homo est animal'.

Quod dixi 'aliquo modo contingit descendere', hoc dixi
quia non semper eodem modo contingit descendere. Nam
aliquando contingit / descendere nulla variatione facta circa propositiones nisi quod in prima subicitur vel praedicatur terminus communis, et postea accipiuntur singularia,
sicut patet in exemplo praedicto. Aliquando autem contingit descendere aliqua variatione facta, immo aliquo dempto
in una propositione quod accipitur in alia, quod nec est
terminus communis nec contentum sub termino communi.
Verbi gratia sic dicendo 'omnis homo praeter Sortem currit'
bene contingit aliquo modo descendere ad aliqua singularia
copulative; nam bene sequitur 'omnis homo praeter Sortem
currit, igitur Plato currit et Cicero currit', et sic de aliis,
[aliis] a Sorte. Sed in istis singularibus aliquid dimittitur
quod accipiebatur in universali, quod non fuit terminus
communis nec signum distribuens ipsum, scilicet dictio ex-

den einzelnen Supposita eines Terminus absteigen kann —
sofern dieser mehrere Supposita aufweist —, der Ausgangssatz selbst sich aber aus keinem einzelnen von ihnen formal
erschließen läßt[78]. Dies gilt z.B. für folgenden Satz, dessen
Subjekt in konfus-distributiver Supposition steht: "Jeder
Mensch ist ein Lebewesen". Es folgt nämlich: "Jeder
Mensch ist ein Lebewesen; also gilt: Dieser Mensch ist ein
Lebewesen, und jener Mensch ist ein Lebewesen usw." Es
kann jedoch formal nicht geschlossen werden: "Dieser
Mensch ist ein Lebewesen" — auf welchen Menschen immer
man sich bezieht — "also ist jeder Mensch ein Lebewesen".
Die Zusatzbedingung "auf bestimmte Weise absteigen
können" habe ich erwähnt, da man nicht immer auf ein-
und dieselbe Weise zu den singulären Supposita absteigen
kann. (1) Manchmal kann man nämlich ohne irgendeine
Veränderung des Satzbaus zu den Supposita absteigen, abgesehen davon, daß im Ausgangssatz ein allgemeiner Terminus das Subjekt oder Prädikat bildet, während danach
(im Schlußsatz) nur singuläre Ausdrücke verwendet werden
— wie es in obigem Beispiel der Fall ist. (2) Manchmal kann
man aber nach einer bestimmten Veränderung des Satzbaus
zu den Supposita absteigen; dann nämlich, wenn ein Wort,
das weder ein allgemeiner Terminus ist noch in einem solchen enthalten ist, in dem einen Satz entfällt, während es in
dem anderen vorkommt. Sagt man z.B. "Jeder Mensch mit
Ausnahme von Sokrates läuft", so kann man auf bestimmte
Weise mittels eines kopulativen Satzes zu irgendwelchen
singulären Supposita absteigen; denn es gilt: "Jeder Mensch
mit Ausnahme von Sokrates läuft; also folgt: Platon läuft,
und Cicero läuft, usw. für alle anderen Menschen mit Ausnahme des Sokrates". In diesen singulären (Transforma-
tions-) Sätzen fehlt jedoch ein Ausdruck, der innerhalb des
universalen (Ausgangs)Satzes vorkam und bei dem es sich
weder um einen allgemeinen Terminus noch um ein diesen
distribuierendes Zeichen handelte. Es ist dies der ausnehmende Ausdruck zusammen mit dem durch ihn ausgenom-
menen Satzteil. Man kann nämlich nicht auf dieselbe Weise
von den beiden Sätzen "Jeder Mensch mit Ausnahme

ceptiva cum parte extra capta. Et ita non eodem modo contingit descendere sub ista 'omnis homo praeter Sortem currit' et sub ista 'omnis homo currit', nec etiam ad omnia eadem contingit descendere.

Prima suppositio confusa et distributiva vocatur suppositio confusa et distributiva mobilis, secunda vocatur confusa et distributiva immobilis.

[CAP. 71. Ad videndum quando terminus communis
habet unam suppositionem et quando aliam]

Istis visis videndum est quando terminus communis habet unam suppositionem personalem et quando aliam. Et primo videndum est de nominibus, secundo de pronominibus relativis, quia diversae regulae dantur de istis et de illis.

Est ergo primo sciendum quod quando in categorica nullum signum universale distribuens totum extremum propositionis additur termino, / nec mediate nec immediate, hoc est nec a parte eiusdem extremi nec a parte extremi praecedentis, nec negatio praecedit nec aliqua dictio includens aequivalenter negationem vel signum universale, semper talis terminus communis supponit determinate. Verbi gratia in ista 'homo est animal' nullum signum universale additur, nec negatio nec talis dictio aequivalenter includens negationem vel signum universale, ideo uterque terminus supponit determinate. Idem est dicendum de ista 'aliquis homo currit', quia signum particulare additum vel non additum non variat suppositionem personalem, quamvis faciat frequenter terminum stare personaliter. Similiter in ista 'animal est omnis homo', quamvis ponatur signum universale, non ta-

von Sokrates läuft" und "Jeder Mensch läuft" absteigen, wie man auch nicht zu denselben Supposita absteigen kann.

Die zuersterwähnte Supposition nennt man die *mobile* (auflösbare), die andere die *immobile* (nicht-auflösbare) konfus-distributive Supposition.[79]

KAP. 71. Bestimmung der jeweiligen Supposition
eines allgemeinen Terminus (Synkategorematische
Regeln zur determinierten Supposition)

Nach diesen Ergebnissen ist zu untersuchen, wann ein allgemeiner Terminus die eine und wann er die andere personale Supposition aufweist. Zuerst sind die Nomina (Kap. 71–75) zu betrachten, anschließend die Relativpronomina (Kap. 76), da für beide verschiedene Regeln gelten. So gilt zunächst: wird einem Terminus innerhalb eines kategorischen Satzes weder ein das vollständige Satzglied distribuierendes Universalzeichen – sei es mittelbar oder unmittelbar, d.h. weder als Teil desselben noch als Teil des vorausgehenden Satzgliedes – beigefügt und geht ihm weder eine Negation noch irgendein anderer die Negation oder das Universalzeichen beinhaltender Ausdruck voraus, so steht ein solcher Terminus immer in determinierter Supposition[80]. So wird z.B. im Satz "Ein Mensch ist ein Lebewesen" weder ein Universalzeichen noch eine Negation bzw. ein die Negation oder das Universalzeichen beinhaltender Ausdruck (den anderen Termini) beigefügt; daher stehen beide Termini in determinierter Supposition. Dasselbe gilt für den Satz "Irgendein Mensch läuft"; denn es beeinflußt die personale Supposition des Terminus nicht, ob man ihm nun ein partikuläres Zeichen beifügt oder nicht; allerdings führt seine Beifügung häufig dazu, daß ein Terminus überhaupt personal supponiert. Ähnlich verhält es sich in dem Satz "Ein Lebewesen ist jeder Mensch". Zwar kommt hier ein Universalzeichen vor, es geht dem Terminus "Lebewesen"

men praecedit hunc terminum ´animal´, ideo li animal supponit determinate. Similiter hic ´animal non est homo´, quamvis ponatur negatio, quia tamen non praecedit istum terminum ´animal´, ideo ´animal´ stat determinate.

Sed in ista ´omnis homo est animal´, ´homo´ non habet suppositionem determinatam, quia distribuitur signo universale, nec ´animal´ habet suppositionem determinatam, quia sequitur mediate signum universale. Sed hic ´videns omnem hominem est animal´, quia hoc signum ´omnem´ non distribuit totum subiectum, ideo non facit praedicatum stare nisi determinate. Unde bene sequitur ´videns omnem hominem est animal, igitur videns omnem hominem est hoc animal, vel videns omnem hominem est illud animal vel illud´, et sic de singulis. Sed in ista ´omne[m] hominem videns est animal´, quia signum distribuit hoc totum ´hominem videns´, ideo praedicatum non stat determinate. Et consimiliter est de ista ´cuiuslibet hominis asinus currit´, nam hic praedicatum supponit confuse tantum; in ista autem ´asinus cuiuslibet hominis currit´ praedicatum stat determinate. Similiter in ista ´homo non est animal´, quam/vis ´homo´ stet vel supponat determinate, tamen ´animal´, quia negatio determinans verbum praecedit, ideo non stat determinate. Similiter in ista ´Sortes differt ab hornine´, praedicatum supponit non determinate, quia hoc verbum ´differt´ includit negationem aequivalenter.

jedoch nicht voraus, so daß "Lebewesen" in determinierter Supposition steht. Gleiches gilt für den Satz: "Ein Lebewesen ist nicht ein Mensch"; es kommt hier zwar eine Negation vor; da sie aber dem Terminus "Lebewesen" nicht vorausgeht, steht dieser in determinierter Supposition.

Dagegen hat der Ausdruck "Mensch" im Satz "Jeder Mensch ist ein Lebewesen" keine determinierte Supposition, denn er wird durch ein Universalzeichen distribuiert. Ebensowenig hat "Lebewesen" hier determinierte Supposition, da es mittelbar auf ein Universalzeichen folgt. Im Satz " Etwas, das jeden Menschen sieht, ist ein Lebewesen" distribuiert das (Universal-)Zeichen "jeder" nicht den vollständigen Subjektsausdruck; daher bewirkt es nur, daß das Prädikat in determinierter Supposition steht. So gilt folgender Schluß: "Etwas, das jeden Menschen sieht, ist ein Lebewesen; also: Etwas, das jeden Menschen sieht, ist dieses Lebewesen, oder das, was jeden Menschen sieht, ist jenes Lebewesen oder jenes usw." Im Satz "Omne[m] hominem videns est animal" (Alles, was einen Menschen sieht, ist ein Lebewesen) steht das Prädikat dagegen nicht in determinierter Supposition, da das Universalzeichen den vollständigen Ausdruck "hominem videns" distribuiert.[81] Ebenso verhält es sich mit dem Satz "Eines jeden Menschen Esel läuft"; hier steht das Prädikat in allein-konfuser Supposition. Dagegen steht es im Satz "Der Esel jedes Menschen läuft" in determinierter Supposition. Ebenso verhält es sich mit dem Satz "Ein Mensch ist nicht ein Lebewesen". Obwohl "Mensch" hier determiniert supponiert bzw. (für etwas) steht, steht "Lebewesen" nicht in determinierter Supposition, da eine das Verb bestimmende Negation vorausgeht. Auch im Satz "Sokrates unterscheidet sich vom Menschen" steht das Prädikat nicht in determinierter Supposition, da das Verb "sich unterscheiden" in gleicher Weise eine Verneinung beinhaltet (die das Prädikat bestimmt).

[CAP. 72. De dubiis quae moveri possunt
contra praedicta]

Circa praedicta potest dubitari. Primo, qualiter supponit 'homo' in ista 'Sortes fuit homo'; ponatur quod Sortes non sit. Similiter, qualiter supponunt termini in illis de praeterito et in illis de futuro et de possibili et in aliis propositionibus de modo.

Et est ratio dubitationis, quia dictum est prius quod terminus numquam supponit pro aliquo nisi de quo verificatur; sed 'homo', si Sortes non sit, non verificatur de Sorte, quia tunc est haec falsa 'Sortes est homo'; igitur non supponit pro Sorte, et per consequens non supponit determinate.

Secundo est dubium de istis 'homo albus est homo', 'cantans missam est homo', 'creans est Deus', supposito quod nullus sit albus et quod nullus cantet missam et quod Deus non creet. Pro quibus subiecta supponunt? Quia videtur quod pro nulla re significata, quia de nulla tali verificantur; nec pro se ipsis, quia tunc non haberent suppositionem personalem; igitur non supponunt determinate pro aliquo, et per consequens non habent suppositionem determinatam.

Tertium dubium est, qualiter subiectum supponit in talibus 'equus tibi promittitur', 'viginti librae tibi debentur'. Et est ratio dubitationis, / quia si terminus supponat pro contentis, videntur esse falsae, cum quaelibet singularis sit falsa; et ita si terminus subiectus supponat determinate, propositio est falsa.

KAP. 72. Zu möglichen Zweifeln angesichts des bisher Gesagten

In bezug auf das bisher Gesagte können sich nun einige Zweifel ergeben. Erstens: Wie supponiert "Mensch" im Satz "Sokrates ist ein Mensch gewesen", wenn man annimmt, daß Sokrates nicht mehr existiert? Auf welche Weise supponieren Termini in Sätzen der Vergangenheit, der Zukunft, der Möglichkeit und anderen Modalsätzen?

Grund dieses Zweifels ist, daß zuvor behauptet worden ist, ein Terminus supponiere immer nur für etwas, wovon er selbst wahrhaft ausgesagt wird[82]. Der Ausdruck "Mensch" wird jedoch — wenn Sokrates nicht existiert — nicht wahrhaft von Sokrates ausgesagt, da dann der Satz "Sokrates ist ein Mensch" falsch wäre. Folglich supponiert dieser Terminus nicht für Sokrates und steht also auch nicht in determinierter Supposition.

Ein *zweiter Zweifel* betrifft folgende Sätze: "Der weiße Mensch ist ein Mensch"; "Der Sänger der Messe ist ein Mensch"; "Der Schöpfer ist Gott". Nimmt man an, daß niemand weiß sei, keiner die Messe sänge und Gott nichts erschüfe: Wofür supponieren dann die Subjektsausdrücke? Es scheint, daß sie für keine Sache supponieren, die sie bezeichnen, da sie von keiner solchen wahrhaft ausgesagt werden. Ebensowenig supponieren sie für sich selbst, da ihnen dann keine personale Supposition zukäme. Folglich supponieren sie überhaupt nicht auf bestimmte Weise für irgendetwas und haben somit auch keine determinierte Supposition.

Drittens. Auf welche Weise supponiert der Subjektsausdruck in Sätzen wie: "Ein Pferd wird dir versprochen"; "Zwanzig Pfund werden dir geschuldet"? Grund für diesen *Zweifel* ist, daß diese Sätze falsch zu sein scheinen, wenn der Terminus für die Dinge supponiert, die unter ihm enthalten sind, da dann jeder einzelne Beispielsatz falsch ist. Steht daher der Subjektsausdruck hier in determinierter Supposition, so ist der Satz falsch.

Quartum dubium est de talibus 'iste privatur visu', 'iste est aptus natus habere visum', et sic de multis talibus.

Quintum: qualem suppositionem habet praedicatum in ista 'genera et species sunt secundae substantiae'?

Sextum de istis 'actio est res extra animam', 'relatio est vera res', 'creatio est idem realiter cum Deo', et de huiusmodi multis.

Septimum est de ista 'iste bis fuit albus'; quia videtur quod 'albus' non supponat determinate.

Octavum dubium: quomodo in ista 'tantum animal est homo' subiectum et praedicatum supponant?

Item, de talibus 'Apostolus dicit hoc', 'Anglia pugnat', 'bibe cyphum', 'prora est in mari', 'bonitas tua misericorditer agit', 'clementia principis gubernat regnum' et huiusmodi.

Ad primum istorum dicendum est quod in omnibus talibus termini supponunt personaliter. Pro quo est intelligendum quod tunc terminus supponit personaliter quando supponit pro suis significatis, vel pro his quae fuerunt sua significata vel erunt vel possunt esse. Et sic intelligendum est prius dictum; quia dictum est prius quod uno modo 'significare' sic accipitur. Hoc tamen intelligendum est quod non respectu cuiuscumque verbi supponit pro illis; sed pro illis quae significat stricte accipiendo 'significare' supponere potest respectu cuiuscumque / verbi, si aliqua talia significet. Sed pro illis quae fuerunt sua significata non potest supponere nisi respectu verbi de praeterito. Et ideo quaelibet talis propositio est distinguenda, eo quod talis terminus potest supponere pro his quae sunt vel pro his quae fuerunt. Similiter pro his quae erunt non potest supponere

Der *vierte* Zweifel betrifft Sätze wie "Dieser ist seines Sehvermögens beraubt"; "Dieser wurde mit Sehvermögen geboren" und zahlreiche andere Sätze.

Fünftens. Welche Supposition hat das Prädikat des Satzes "Gattungen und Arten sind zweite Substanzen"?

Der *sechste* Zweifel betrifft Sätze wie "Actio ist eine Sache außerhalb der Seele"; "Relation ist eine wahre Sache"; "Schöpfung ist wahrhaft dasselbe wie Gott" und andere.

Der *siebte* Zweifel betrifft den Satz "Dieser Mensch ist zweimal weiß gewesen"; denn es scheint so, als stehe "weiß" hier nicht in determinierter Supposition.

Achtens. Auf welche Weise supponieren Subjekt und Prädikat des Satzes "Nur ein Lebewesen ist ein Mensch"?

Der *neunte* Zweifel betrifft Sätze wie: "Der Apostel sagt dies"; "England kämpft"; "Trinke den Becher"; "Der Bug befindet sich im Meer"; "Deine Güte handelt barmherzig"; "Die Milde des Fürsten regiert das Reich" usw.[83]

Zum ersten dieser Zweifel ist zu sagen, daß in allen genannten Fällen die Termini in personaler Supposition stehen[84]. Hierzu muß man erkennen, daß ein Terminus dann personal supponiert, wenn er für das supponiert, was er bezeichnet oder für das, was er bezeichnet hat, bezeichnen wird oder bezeichnen kann. In diesem Sinne ist auch das, was ich früher sagte, zu verstehen; denn ich habe oben behauptet, daß man "bezeichnen" einer bestimmten Weise gemäß so verstehen kann[85]. Dazu ist jedoch zu bemerken, daß der Terminus nicht im Kontext mit jedem beliebigen Verb für das supponiert, was er bezeichnet. Wenn man "bezeichnen" aber im engeren Sinne versteht, kann der Terminus für das, was er bezeichnet, im Kontext eines beliebigen Verbes supponieren, wenn er solche Dinge bezeichnet. Für dasjenige aber, was er bezeichnet hat, kann er nur im Kontext einer Verbform der Vergangenheit supponieren. Einen solchen Satz (der Vergangenheit) hat man dann zu differenzieren, weil der Terminus für das supponieren kann, was gegenwärtig existiert, oder für das, was existiert hat. In gleicher Weise kann ein Terminus nur im Kontext einer Verbform des Futur für zukünftige Dinge

nisi respectu verbi de futuro, et ideo illa propositio est distinguenda, eo quod terminus potest supponere pro his quae sunt vel pro his quae erunt. Similiter pro his quae possunt esse significata et non sunt non potest supponere nisi respectu verbi de possibili vel de contingenti, et ideo omnes tales sunt distinguendae, eo quod subiectum potest supponere pro his quae sunt vel pro his quae possunt esse vel contingunt esse. Et ideo omnes tales sunt distinguendae 'omnis homo fuit albus', 'omne album erit homo', 'omne album potest esse homo', 'omnem hominem contingit currere'.

Intelligendum est tamen quod ista distinctio non cadit a parte praedicati sed tantum a parte subiecti. Unde ista non est distinguenda 'Sortes fuit albus', 'Sortes potest esse albus'; et hoc quia praedicatum appellat suam formam. Quod est sic intelligendum: non quod supponat pro se vel pro conceptu, sed quod per talem propositionem denotatur quod propositio in qua ipsummet praedicatum sub propria forma, hoc est ipsummet et non aliud, praedicatur de illo pro quo subiectum supponit, vel de pronomine demonstrante illud praecise pro quo subiectum supponit, fuit vera, si talis propositio sit de praeterito; vel quod erit vera, si talis proposito sit de futuro; vel quod sit possibilis, si prima propositio sit de possibili; vel necessaria, si prima propositio sit de necessario; vel impossibilis, si prima propositio sit de impossibili; vel per se, si prima propositio sit de per se; vel per accidens, si prima propositio sit de per accidens. Et sic de aliis propositionibus modalibus. Verbi gratia ad veritatem istius 'album fuit nigrum' non requiritur quod haec unquam / fuerit vera 'album est nigrum', sed requiritur

supponieren. Ein solcher Satz ist zu differenzieren, weil der Terminus für das supponieren kann, was gegenwärtig existiert, oder auch für das, was einmal existieren wird. Ebenso kann ein Terminus für das, was er bezeichnen könnte, aber noch nicht bezeichnet, nur im Kontext eines Verbes der Möglichkeit oder der Kontingenz supponieren. Daher sind alle solchen Sätze zu differenzieren, weil das Subjekt für das supponieren kann, was aktuell existiert, oder aber für das, was entweder existieren könnte oder kontingent existiert. In dieser Weise sind auch folgende Sätze zu differenzieren: "Jeder Mensch ist weiß gewesen"; "Alles, was weiß ist, wird ein Mensch sein"; "Alles, was weiß ist, kann ein Mensch sein"; "Es ist möglich, daß jeder Mensch läuft".

Man muß jedoch festhalten, daß diese Differenzierung nicht etwa den Prädikats-, sondern nur den Subjektsausdruck betrifft. Daher bedarf es bei folgenden Sätzen keiner Differenzierung: "Sokrates ist weiß gewesen"; "Sokrates kann weiß sein". Der Grund liegt darin, daß das Prädikat immer seine Form benennt (d.h. aktuell für seine Form steht)[86]. Dies ist aber nicht so zu verstehen, als supponiere das Prädikat für sich selbst oder für einen Begriff. Vielmehr wird mit einem solchen Satz der Vergangenheit nur behauptet, daß derjenige Satz einmal wahr gewesen ist, in welchem das Prädikat unter seiner eigentlichen Form – d.h. es selbst und kein anderes – entweder von etwas, wofür das Subjekt steht, oder aber von einem Pronomen ausgesagt wird, das sich genau auf dasjenige bezieht, wofür das Subjekt supponiert. Handelt es sich um einen Satz im Futur, so wird behauptet, daß der betreffende Satz einmal wahr sein wird. Handelt es sich um einen Satz der Möglichkeit, so wird behauptet, daß der betreffende Satz möglich ist. In gleicher Weise gilt dies für einen Satz der Notwendigkeit, der Unmöglichkeit, eine propositio per se oder eine propositio per accidens, sowie für andere Modalsätze. So erfordert z.B. die Wahrheit des Satzes "Etwas Weißes ist schwarz gewesen" nicht, daß der Satz "Etwas Weißes ist schwarz" jemals wahr gewesen ist. Vielmehr genügt es, daß der Satz "Dieses da

quod haec fuerit vera 'hoc est nigrum', demonstrando aliquid pro quo subiectum supponit in ista 'album fuit nigrum'. Similiter, ad veritatem istius 'verum erit impossibile' non requiritur quod haec unquam sit vera 'verum est impossibile', sed requiritur quod haec erit vera, si formabitur, 'hoc est impossibile', demonstrando aliquid pro quo subiectum supponit in ista 'verum erit impossibile'. Similiter est de aliis. Sed de istis amplius dicetur in tractatu de propositionibus et de consequentiis. Ad propositum dico quod in ista 'Sortes fuit homo' praedicatum supponit pro Sorte. Et similiter est de omnibus illis de praeterito et de futuro et de modo, quod termini supponentes personaliter supponunt pro illis quae sunt vel fuerunt vel erunt vel possunt esse supposita; et si non sit aliquod signum, nec negatio nec aliquid tale impediens, supponunt determinate.

Sed tunc ad rationem in contrarium dicendum est quod bene dictum est quod terminus numquam supponit pro aliquo nisi de quo verificatur. Non tamen fuit dictum quod numquam supponit pro aliquo nisi de quo verificatur per verbum de praesenti, sed sufficit quod aliquando verificetur per verbum de praeterito, quando supponit pro illo respectu verbi de praeterito; vel per verbum de futuro, quando supponit respectu verbi de futuro, et sic de aliis. Sicut patet in ista 'album fuit homo', posito quod nullus homo modo sit albus, sed quod Sortes fuerit albus, tunc 'album' supponit pro Sorte, si accipiatur pro his quae fuerunt. Et ideo 'album' verificatur de Sorte non per verbum de prae-

ist schwarz" einmal wahr gewesen ist, sofern man sich dabei auf dasselbe bezieht, wofür auch das Subjekt des Satzes "Etwas Weißes ist schwarz gewesen" supponiert. Ebenso erfordert die Wahrheit des Satzes "Das Wahre wird unmöglich sein" nicht, daß der Satz "Das Wahre ist unmöglich" jemals wahr ist. Es ist jedoch erforderlich, daß der Satz "Das ist unmöglich" wahr sein wird, sofern man ihn in der Zukunft bilden wird und sich dabei auf etwas bezieht, wofür das Subjekt des Satzes "Das Wahre wird unmöglich sein" supponiert. Ähnliches gilt für andere Beispielsätze, die jedoch ausführlicher in der Abhandlung über die Sätze und Konsequenzen behandelt werden[87]. Was den Beispielsatz "Sokrates ist ein Mensch gewesen" angeht, so behaupte ich, daß hier das Prädikat tatsächlich für Sokrates steht. Ebenso gilt für alle Sätze der Vergangenheit oder des Futur sowie für die Modalsätze, daß Termini in personaler Supposition für jene Supposita stehen, die entweder existieren, existiert haben, existieren werden oder existieren können. Sofern weder eine Negation noch ein anderes Zeichen dies ausschließen, stehen die Termini (solcher Sätze) in determinierter Supposition.

Zum Anlaß dieses Zweifels ist nun aber zu sagen, daß von mir zu Recht behauptet worden ist, ein Terminus supponiere immer für dasjenige, wovon er wahrhaft ausgesagt wird. Es wurde jedoch nicht behauptet, daß er nur für dasjenige supponiere, wovon er mittels einer Verbform des Präsens ausgesagt wird. Vielmehr genügt es, daß er mittels einer Verbform der Vergangenheit ausgesagt wird, wenn er im Kontext eines Verbes der Vergangenheit supponiert. Das gleiche gilt für die Verbform des Futur, wenn er im Kontext eines Verbes des Futur supponiert, sowie für die anderen Zeiten und Modalitäten. So supponiert im Satz "Etwas Weißes ist ein Mensch gewesen" — angenommen daß kein Mensch auf eine Weise weiß ist, Sokrates aber einmal weiß gewesen ist — der Ausdruck "etwas Weißes" für Sokrates, sofern man ihn als etwas auffaßt, was einmal existiert hat. Daher wird "etwas Weißes" von Sokrates nicht mittels einer Verbform des Präsens, sondern nur mittels ei-

senti sed per verbum de praeterito, nam haec est vera 'Sortes fuit albus'.

Sed adhuc restat dubitatio: pro quo praedicatum supponit hic 'Sortes fuit albus'? Si pro his quae sunt, falsa est:

Dicendum est quod praedicatum supponit pro his quae fuerunt, sive eadem fuerunt quae sunt sive non. Et ideo in isto casu capit instan/tiam illa regula quam dixi alias, scilicet quod terminus semper supponit pro his quae sunt, ubicumque ponatur, vel potest pro eis supponere. Nam illam regulam intellexi de termino posito a parte subiecti; sed quando ponitur a parte praedicati non est universaliter vera. Unde posito quod nullus homo modo sit albus, sed quod fuerint multi homines albi antea, in ista tunc 'homo fuit albus' praedicatum non potest supponere pro his quae sunt sed tantum pro his quae fuerunt. Unde generaliter praedicatum in illa de praeterito non supponit pro aliquo alio quam pro illo quod fuit, et in illa de futuro pro eo quod erit, et in illa de possibili pro eo quod potest esse. Cum hoc tamen requiritur quod ipsummet praedicatum praedicetur de illo pro quo subiectum supponit, modo praedicto.

Ad secundum dubium dicendum est quod de virtute sermonis est concedendum, si nullus homo est albus et si nullus homo cantat missam et si Deus non creat, quod in praedictis propositionibus subiecta pro nullo supponunt. Et tamen sumuntur significative, quia 'sumi significative' vel 'supponere personaliter' potest dupliciter contingere: vel quia pro aliquo significato terminus supponit, vel quia denotatur supponere pro aliquo vel quia denotatur non sup-

ner der Vergangenheit ausgesagt, denn folgender Satz ist wahr: "Sokrates ist weiß gewesen".

Im Blick auf dieses Beispiel bleibt jedoch die Frage offen: Wofür supponiert das Prädikat des Satzes "Sokrates ist weiß gewesen"? Dieser Satz wäre nämlich falsch, wenn er für etwas supponierte, was gegenwärtig existiert.

Hierzu ist zu sagen: Das Prädikat supponiert für dasjenige, was einmal existiert hat, unabhängig davon, ob dieses auch jetzt noch existiert oder nicht. In diesem Fall bildet das Beispiel die Ausnahme von einer Regel, die ich an anderer Stelle formuliert habe, wonach ein Terminus — in welchem Kontext er auch vorkommt — immer für dasjenige supponiert bzw. supponieren kann, was gegenwärtig existiert[88]. Mit dieser Regel bezog ich mich nur auf den Subjektsausdruck eines Satzes. Dagegen hat sie keine allgemeine Gültigkeit, wenn es sich um den Terminus handelt, der das Prädikat bildet. Angenommen kein Mensch wäre gegenwärtig weiß, es habe jedoch früher zahlreiche weiße Menschen gegeben, so kann das Prädikat des Satzes "Ein Mensch ist weiß gewesen" nicht für etwas supponieren, was gegenwärtig existiert, sondern nur für etwas, was einmal existiert hat. Allgemein gesprochen supponiert das Prädikat eines Satzes der Vergangenheit für nichts anderes als das, was einmal existiert hat; ebenso supponiert es in einem Satz des Futur für das, was existieren wird, und in einem Satz der Möglichkeit für das, was existieren könnte. Es ist dazu aber notwendig, daß das Prädikat selbst von demjenigen ausgesagt wird, wofür der Subjektsausdruck supponiert — und zwar in der oben beschriebenen Weise.

Zum zweiten Zweifel ist zu sagen, daß dem Wortlaut nach einzuräumen ist, daß wenn kein Mensch weiß ist, kein Mensch die Messe singt, und Gott nichts erschafft — die Subjekte der vorgenannten Sätze für nichts supponieren. Gleichwohl werden sie signifikativ gebraucht, denn "signifikativ gebraucht werden" und "in personaler Supposition stehen" ist auf zweifache Weise möglich: entweder supponiert ein Terminus für das, was er bezeichnet, oder es wird von dem Terminus behauptet, daß er für etwas supponiert oder aber nicht für etwas supponiert. Es wird in solchen

ponere pro aliquo. Nam semper in propositionibus talibus affirmativis denotatur terminus supponere pro aliquo, et ideo si pro nullo supponit est propositio falsa. In propositionibus autem negativis denotatur terminus non supponere pro aliquo, vel supponere pro aliquo a quo vere negatur praedicatum, et ideo talis / negativa habet duas causas veritatis. Sicut ista 'homo albus non est' habet duas causas veritatis: vel quia homo non est, et ideo non est albus; vel quia homo est, et tamen non est albus. In ista autem propositione 'homo albus est homo', si nullus homo sit albus subiectum sumitur significative et personaliter, non quia supponit pro aliquo, sed quia denotatur supponere pro aliquo; et ideo quia pro nullo supponit, cum tamen denotetur supponere pro aliquo, est propositio simpliciter falsa.

Et ideo si aliquid prius dictum videatur isti repugnare, intelligendum est in propositione affirmativa et vera, quia semper in propositione affirmativa et vera, si terminus stet personaliter, supponit pro aliquo significato, secundum modum praeexpositum.

Et si dicatur: ista non stant simul 'supponit' et 'pro nullo supponit', quia sequitur 'supponit, igitur pro aliquo supponit', dicendum est quod non sequitur, sed sequitur 'supponit, igitur denotatur pro aliquo supponere, vel denotatur pro nullo supponere'.

Ad tertium dicendum quod tales propositiones 'equus tibi promittitur', 'viginti librae tibi debentur' de virtute sermonis sunt falsae, quia quaelibet singularis est falsa, ut patet inductive. Tamen si termini tales ponantur a parte prae-

affirmativen Sätzen nämlich immer behauptet, daß ein Terminus für irgendetwas supponiert. Supponiert er für nichts, so ist der betreffende Satz daher falsch. In verneinenden Sätzen wird dagegen behauptet, daß der Terminus entweder nicht für etwas supponiert, oder aber, daß er für etwas supponiert, wovon das Prädikat wahrhaft verneint wird. Ein solcher negativer Satz hat daher zwei Wahrheitsgründe; z.B. hat der Satz "Ein weißer Mensch existiert nicht" zwei Wahrheitsgründe: weil 1) entweder kein Mensch existiert und daher auch kein Mensch weiß ist; oder 2) ein Mensch existiert, dieser jedoch nicht weiß ist. Wenn aber kein Mensch weiß ist, so wird das Subjekt des Satzes "Ein weißer Mensch ist ein Mensch" nicht etwa deshalb signifikativ und nach personaler Supposition verwendet, weil es für etwas supponierte, sondern allein weil behauptet wird, daß sein Subjekt für etwas supponiert. Der Satz ist daher schlechthin falsch, weil sein Subjekt für nichts supponiert, während gleichzeitig behauptet wird, daß es für etwas steht.

Sollte das, was ich zuvor behauptet habe[89], diesen Überlegungen zu widersprechen scheinen, so ist zu bemerken, daß sich dies auf wahre, affirmative Sätze bezogen hat, da ein Terminus nach personaler Supposition innerhalb eines wahren, affirmativen Satzes immer für das supponiert, was er bezeichnet – und zwar auf die oben ausgeführte Weise.

Hiergegen könnte man nun vorbringen, daß die Wendungen "supponieren" und "für nichts supponieren" miteinander unvereinbar sind, da der Schluß gilt: "Wenn ein Terminus supponiert, so supponiert er für etwas"[90]. Hierzu ist zu sagen, daß der genannte Schluß nicht zulässig ist. Vielmehr muß man folgendermaßen schließen: "Wenn ein Terminus supponiert, so wird damit behauptet, daß er entweder für etwas supponiert oder aber daß er für nichts supponiert."

Zum dritten Zweifel ist zu sagen, daß Sätze wie "Ein Pferd wird Dir versprochen"; "Zwanzig Pfund werden Dir geschuldet" dem Wortlaut nach falsch sind, da jeder singuläre Beispielsatz falsch ist, wie sich induktiv ergibt[91]. Nehmen diese Termini jedoch die Stelle des Prädikatsaus-

dicati, possunt aliquo modo concedi. Et tunc oportet dicere quod termini sequentes talia verba virtute illorum verborum habent suppositionem confusam tantum, et ideo non
contingit descendere disiunctive ad singularia sed tantum
per disiunctum praedicatum, connumerando non tantum
praesentia sed etiam futura. Unde non sequitur 'promitto
tibi equum, ergo promitto tibi hunc equum vel promitto
tibi illum equum', et sic de singulis praesentibus; sed bene
sequitur 'promitto tibi equum, igitur promitto tibi hunc
equum vel illum vel illum', et sic de singulis, connumerando omnes, tam praesen/tes quam futuros, et hoc quia omnia talia verba aequivalenter includunt verba de futuro.
Unde ista 'promitto tibi equum' valet istam 'tu habebis ex
dono meo unum equum', et ideo in ista 'promitto tibi
equum' potest li equum supponere pro futuris, sicut in ista
'tu habebis equum'.

Sed numquid in ista 'promitto tibi equum' li equum
supponit confuse tantum, loquendo de virtute sermonis?
Dicendum quod stricte loquendo li equum non supponit
confuse tantum, quia non supponit, cum sit pars extremi.
Et praedicta regula de suppositione determinata data est de
illis quae stricte loquendo supponunt, quia sunt extrema
propositionum et non tantum partes extremorum. Tamen
extendendo nomen potest dici quod li equum supponit
confuse tantum, et hoc quia sequitur tale verbum. Et ita
est universaliter quod terminus communis sequens verbum

druckes ein, so läßt sich die Wahrheit dieser Sätze in gewisser Weise einräumen. Man muß dann sagen, daß Termini, die auf solche Verben folgen, aufgrund des Einflusses dieser Verben in allein-konfuser Supposition stehen. Man kann daher nicht über einen disjunktiven Satz zu den einzelnen Supposita (des allgemeinen Terminus) absteigen; dies ist nur über ein disjunktiv zerlegtes Prädikat möglich, wobei nicht nur die gegenwärtig, sondern auch die zukünftig existierenden Supposita mitaufgezählt werden. Daher ist folgender Schluß unzulässig: "Ich verspreche Dir ein Pferd; also gilt: ich verspreche Dir dieses Pferd, oder ich verspreche Dir jenes Pferd" usw. für alle existierenden Pferde. Vielmehr gilt der Schluß: "Ich verspreche Dir ein Pferd; daher verspreche ich Dir dieses oder jenes oder jenes Pferd" usw. für alle Pferde, sowohl die gegenwärtig als auch die zukünftig existierenden. Der Grund hierfür ist, daß alle derartigen Verben das Tempus des Futur einschließen. Der Satz "Ich verspreche Dir ein Pferd" ist daher dem Satz "Du wirst ein Pferd als Geschenk von mir besitzen" gleichbedeutend. Wie der Ausdruck "Pferd" innerhalb des Satzes "Ich verspreche Dir ein Pferd" für zukünftige Pferde supponiert, so auch innerhalb des Satzes "Du wirst ein Pferd besitzen".

Steht aber der Ausdruck "Pferd" innerhalb des Satzes "Ich verspreche Dir ein Pferd" in allein-konfuser Supposition, wenn man vom Wortlaut ausgeht? Hierzu ist zu sagen, daß der Ausdruck "Pferd" nicht im strengen Sinne in allein-konfuser Supposition steht, vielmehr weist er überhaupt keine Supposition auf, da er nur Teil eines Satzgliedes ist. Die obengenannte Regel bezüglich der determinierten Supposition betrifft aber nur solche Termini, die im strengen Sinne supponieren, d.h. vollständige Satzglieder und nicht nur Teile von Satzgliedern bilden. Faßt man jedoch den Begriff der Supposition im weiteren Sinne auf, so kann man sagen, daß der Terminus "Pferd" in allein-konfuser Supposition steht — und zwar deshalb, weil er auf ein solches Verb folgt. Es gilt daher allgemein, daß ein allgemeiner Terminus, der einem derartigen Verb folgt, selbst jedoch nur Teil

tale, ita tamen quod sit pars extremi tantum, semper supponit confuse tantum et non determinate, personaliter tamen.

Unde sciendum est quod quandocumque in aliqua propositione tali de praesenti vel de praeterito vel de futuro ponitur verbum virtute cuius denotatur quod aliqua propositio erit vera, vel deberet esse vera, in qua ponitur a parte praedicati terminus communis, et non denotatur de quacumque propositione in qua ponitur a parte praedicati singulare contentum sub illo communi quod erit vera, tunc ille terminus communis, isto modo accipiendo 'supponere' quo pars extremi potest supponere, non supponit determinate, hoc est non contingit descendere ad singularia per disiunctivam sed tantum per propositionem de disiuncto extremo vel de parte extremi disiuncta. Nunc autem per istam 'ego promitto tibi equum', virtute istius verbi 'promitto' denotatur quod haec erit vera, vel quod debet esse vera aliquando, 'ego do tibi equum' vel consimilis, et non denotatur quod aliqua talis 'ego do tibi istum equum' — quocumque equo demonstrato — erit vel debet esse vera. Et ideo non sequitur 'ego promitto tibi equum, igitur promitto tibi istum equum vel promitto tibi illum equum'. Et consimiliter est de talibus 'ego debeo tibi viginti libras', 'iste tenetur Sorti in viginti marchis'.

Sic igitur patet quod ista potest concedi 'ego promitto tibi equum', et tamen ista de virtute sermonis nullo modo debet condedi 'equus tibi / promittitur'. Cuius ratio est quia in ista 'equus tibi promittitur' li equus est subiectum et non est pars subiecti, et ideo oportet quod supponat determinate, cum neque signum neque negatio neque aliquid includens aliquid tale praecedat, et ideo oportet quod con-

eines Satzgliedes ist, immer in allein-konfuser und nicht in determinierter personaler Supposition steht.

Mitunter kommt in einem Satz der Gegenwart, der Vergangenheit oder des Futur ein Verb vor, kraft dessen behauptet wird, daß ein Satz, in welchem ein allgemeiner Terminus als Teil des Prädikates erscheint, wahr sein wird oder wahr sein muß. Wird zudem nicht behauptet, daß auch derjenige Satz wahr sein wird, in welchem ein einzelnes Suppositum dieses allgemeinen Terminus als Teil des Prädikates fungiert, so steht der betreffende Terminus nicht in determinierter Supposition, vorausgesetzt man versteht "supponieren" so, daß auch der Teil eines Satzgliedes Supposition haben kann. Das bedeutet, daß man nicht mittels eines disjunktiven Satzes, sondern nur über einen Satz mit disjunktiv zerlegtem Prädikat bzw. mit disjunktiv zerlegtem Teil eines Prädikates zu den einzelnen Supposita absteigen kann. Nun drückt aber der Satz "Ich verspreche Dir ein Pferd" durch das Verb "versprechen" aus, daß folgender bzw. ein ihm gleichartiger Satz entweder wahr sein wird bzw. doch einmal wahr sein muß: "Ich gebe Dir ein Pferd". Dagegen wird nicht behauptet, daß ein Satz der Art "Ich gebe Dir dieses Pferd" einmal wahr sein wird oder wahr sein muß — auf welches aller einzelnen Pferde man sich auch beziehe. Daher ist folgender Schluß unzulässig: "Ich verspreche Dir ein Pferd; also verspreche ich Dir dieses Pferd, oder ich verspreche Dir jenes Pferd". Ähnliches gilt für Sätze wie "Ich schulde Dir zwanzig Pfund"; "Dieser ist dem Sokrates zu zwanzig Mark verpflichtet."

Man kann daher der Wahrheit des Satzes "Ich verspreche Dir ein Pferd" zustimmen, während dies dem Wortlaut nach bei folgendem Satz nicht möglich ist: "Ein Pferd wird Dir versprochen". Der Grund liegt darin, daß der Ausdruck "Pferd" innerhalb des Satzes "Ein Pferd wird Dir versprochen" ein vollständiges Subjekt und nicht nur den Teil eines Subjektes bildet. Der Ausdruck "Pferd" muß deshalb in determinierter Supposition stehen, da weder ein Universalzeichen noch eine Negation bzw. ein anderer Ausdruck, der derartiges einschließt, vorausgehen. Daraus folgt, daß man zu den einzelnen Supposita (des allgemeinen Terminus)

tingat descendere ad singularia. In ista autem 'promitto tibi equum' li equum non est extremum sed pars extremi, quia istud totum est praedicatum 'promittens tibi equum', quia istae aequivalent 'ego promitto tibi equum' et 'ego sum promittens tibi equum'; et ita 'equum' est pars extremi. Et ideo sicut non oportet quod supponat, proprie loquendo, ita non oportet quod supponat determinate, et per consequens non oportet quod contingat descendere ad disiunctivam.

Sed numquid contingit descendere sub parte extremi? Dicendum est quod quandoque contingit descendere. Sicut bene sequitur 'iste dat Sorti equum, igitur dat sibi istum equum vel dat sibi illum', et sic de singulis. Quandoque autem non contingit descendere propter aliquam rationem specialem, qualis dicta est in proposito. Et ita quamvis ista concedatur 'ego promitto tibi equum', ista tamen de virtute sermonis non est concedenda 'equus tibi promittitur'. Tamen ipsa conceditur, quia communiter accipitur pro ista 'aliquis tibi promittit equum'. Sed quare ista consequentia non valet 'aliquis tibi promittit equum, igitur equus tibi promittitur', dicetur in tractatu de propositione.

Ad quartum dicendum est quod in talibus 'iste privatur visu' li visu, quod est pars extremi, non proprie supponit. Verumtamen isto modo quo potest supponere, supponit confuse et distributive, quia aequivalet isti 'iste nullum visum habet', ubi 'visus' negative confunditur confuse et distributive. Tamen non in qualibet propositione exponente

absteigen kann. Im Satz "Ich verspreche Dir ein Pferd" bildet der Ausdruck "Pferd" jedoch nicht das vollständige Satzglied, sondern nur den Teil eines Satzgliedes, da der ganze Ausdruck "verspreche Dir ein Pferd" als Prädikat fungiert; denn die Sätze "Ich verspreche Dir ein Pferd" und "Ich bin der Dir ein Pferd Versprechende" sind gleichbedeutend. Daher ist der Ausdruck "Pferd" hier nur Teil des Prädikates. Da er somit nicht im eigentlichen Sinne supponiert, steht er auch nicht in determinierter Supposition. Man kann folglich auch nicht zu einem disjunktiven Satz absteigen.

Kann man aber überhaupt zu den Supposita eines Terminus absteigen, der selbst nur Teil eines Satzgliedes ist? Hierzu ist zu sagen, daß dies mitunter möglich ist. So gilt z.B. folgender Schluß: "Dieser gibt Sokrates ein Pferd, also gibt er ihm dieses Pferd, oder er gibt ihm jenes Pferd" usw. Manchmal ist es jedoch aufgrund eines besonderen Umstandes, wie er etwa im Beispielsatz zum Ausdruck kommt, nicht möglich, zu den Supposita eines allgemeinen Terminus abzusteigen. Obwohl man nämlich der Wahrheit des Satzes "Ich verspreche Dir ein Pferd" beipflichtet, kann man dies dem Wortlaut nach bei folgendem Satz nicht: "Ein Pferd wird Dir versprochen". Man hält diesen Satz jedoch in der Regel für wahr, da er gemeinhin im Sinne des Satzes "Jemand verspricht Dir ein Pferd" verstanden wird. Warum der folgende Schluß aber nicht zulässig ist: "Jemand verspricht Dir ein Pferd; ein Pferd wird Dir also versprochen", wird in der Abhandlung vom Satz ausgeführt[92].

Zum vierten Zweifel ist zu sagen, daß der Ausdruck "Sehvermögen" in solchen Sätzen wie "Dieser wird seines Sehvermögens beraubt" nicht im eigentlichen Sinne supponiert, da er hier nur Teil eines Satzgliedes ist[93]. Gemäß dem (weiteren) Verständnis jedoch, wonach auch ein solcher Terminus Supposition haben kann, steht er in konfus-distributiver Supposition, da der zitierte Satz dem Satz "Dieser hat kein Sehvermögen" gleichbedeutend ist. Hier steht der Ausdruck "Sehvermögen" aufgrund der Negation in konfus-distributiver Supposition. Jedoch kommt diesem Ausdruck nicht in

illam unam supponit confuse et distributive, quia non in affirmativa, scilicet in ista 'iste est aptus natus habere visum', sed in ista supponit aliquo / modo determinate, scilicet pro illis quae aliquando fuerunt possibilia, non tamen pro omnibus illis, sed pro illis quae potuerunt sibi infuisse.

Ad quintum dicendum est quod de virtute sermonis haec est falsa 'genera et species sunt substantiae'. Sed haec potest concedi 'genera et species sunt secundae substantiae', et tunc li secundae substantiae supponit personaliter et determinate, quia hoc nomen 'secunda substantia' imponitur ad significandum intentiones secundas, importantes veras substantias.

Et ideo falsa est opinio quae ponit quod 'substantia' potest habere suppositionem simplicem et tamen supponere pro speciebus et generibus. Sed si aliquando invenitur in aliquo auctore quod genera et species sunt substantiae, debet auctoritas exponi: vel quod per actum exercitum intelligit actum signatum, ut per istam 'genera et species sunt substantiae' intelligatur ista 'de generibus et speciebus praedicatur substantia', et debet sic exerceri 'homo est substantia', 'animal est substantia', et sic de aliis. Vel debet auctoritas exponi, quod 'substantia' est aequivocum. Aliquando enim significat veras res, quae sunt substantiae distinctae realiter ab omni accidente reali et ab omni intentione secunda, et tunc accipitur 'substantia' proprie. Aliquando significat ipsas intentiones importantes substantias primo

jedem beliebigen Transformationssatz konfus-distributive Supposition zu; so z.B. nicht in folgendem affirmativen Satz "Dieser wurde mit der Fähigkeit des Sehvermögens geboren". In diesem Satz steht der Ausdruck "Sehvermögen" auf eine bestimmte Weise in determinierter Supposition, d.h. für etwas, was einmal möglich gewesen ist. Jedoch supponiert er nicht für alle Dinge, die einmal möglich gewesen sind, sondern nur für diejenigen, die dem betreffenden Menschen haben zukommen können.

Zum fünften Zweifel ist zu sagen, daß der Satz "Gattungen und Arten sind Substanzen" dem Wortlaut nach falsch ist. Dagegen kann man der Wahrheit des Satzes "Gattungen und Arten sind zweite Substanzen" beipflichten. Hier steht der Ausdruck "zweite Substanzen" in personal-determinierter Supposition, da der Ausdruck "zweite Substanz" gebraucht wird, um zweite Intentionen zu bezeichnen, welche sich wiederum auf wahre Substanzen beziehen[94].

Daher ist die Behauptung falsch, daß der Ausdruck "Substanz" in einfacher Supposition stehen und dennoch für Arten und Gattungen supponieren kann[95]. Wenn sich aber bei einem Autor mitunter die Aussage findet, daß Gattungen und Arten selbst Substanzen sind, so sollte diese Aussage folgendermaßen interpretiert werden: (1) Entweder versteht der Autor dabei mit einem Aussagevollzug im eigentlichen Sinne eine Aussagebezeichnung, z.B. mit dem Satz "Gattungen und Arten sind Substanzen" den Satz "Von Gattungen und Arten wird Substanz ausgesagt"; diese Aussagebezeichnung läßt sich nur wie folgt in einen Aussagevollzug umformen: "Mensch ist eine Substanz"; "Lebewesen ist eine Substanz" usw. (2) Oder aber man muß den Autor so verstehen, als ob er den Ausdruck "Substanz" äquivok gebraucht. Bezeichnet er nämlich mitunter wirkliche Dinge, die als Substanzen von jedem realen Akzidens und jeder zweiten Intention unterschieden sind, dann verwendet man "Substanz" dem eigentlichen Sinne nach. Manchmal bezeichnet er aber auch jene Intentionen, die sich auf Dinge beziehen, die dem ersten Sinne nach "Substanzen" genannt werden. Danach wäre auch der Wahrheit des Satzes

modo dictas. Et tunc sub tali intellectu concederetur ista
'genera et species sunt substantiae', accipiendo praedicatum personaliter; sed tunc non acciperetur proprie sed improprie et transumptive.

Ad sextum dicendum est quod diversi diversimode utuntur talibus abstractis, nam aliquando utuntur eis pro rebus,
aliquando utuntur eis pro nominibus. Si primo modo, tunc
debet dici quod supponunt pro illis pro quibus supponunt
sua concreta, secundum opinionem Aristotelis. Et tunc istae
aequipollent 'ignis est calefaciens' et 'ignis est calefactio',
similiter 'homo est pater' et 'homo est paternitas'. Immo /
proprie loquendo talia concreta et abstracta, si abstracta
imponantur ad significandum praecise res, sunt nomina
synonyma, secundum intentionem Aristotelis et multorum
philosophorum.

Et quod hoc non sit ita mirabile, potest persuaderi. Nam
accipio istam propositionem 'creatio est vera res', et quaero: aut 'creatio' supponit pro aliquo aut pro nullo. Si pro
nullo, vel non erit propositio vel erit propositio falsa. Si
supponit pro aliquo, aut pro re extra, aut pro re in anima,
aut pro uno aggregato. Si pro re extra, quaero: pro qua? Et
non potest dari nisi Deus; igitur 'creatio' ita supponit pro
Deo sicut 'creans'. Et eadem facilitate poterit hoc dici de
omni alio. Si supponit pro aliquo in anima, — sicut secundum aliquos supponit pro relatione rationis —, hoc est

"Gattungen und Arten sind Substanzen" zuzustimmen, sofern man das Prädikat gemäß personaler Supposition versteht. Der Ausdruck "Substanz" wird hier jedoch nicht seinem eigentlichen Sinne nach, sondern nur uneigentlich und im übertragenen Sinn aufgefaßt[96].

Zum sechsten Zweifel ist zu sagen, daß verschiedene Autoren jeweils unterschiedlichen Gebrauch von solchen abstrakten Ausdrücken machen. Manchmal werden diese nämlich für die Dinge selbst, ein anderes Mal nur für die Nomina (dieser Dinge) gebraucht. Was den ersten Fall angeht, so sollte man beachten, daß abstrakte Ausdrücke für eben dasjenige supponieren, wofür auch ihre konkreten Formen supponieren — wie Aristoteles meint[97]. So sind folgende Sätze einander gleichbedeutend: "Feuer ist wärmeerzeugend" und "Feuer ist Erwärmung"; ebenso "Ein Mensch ist Vater" und "Ein Mensch ist Vaterschaft". Es handelt sich daher nach Meinung des Aristoteles und vieler Philosophen bei solchen konkreten und abstrakten Termini um synonyme Ausdrücke, vorausgesetzt man verwendet dabei die Abstrakta, um wirkliche Dinge zu bezeichnen.

Wie wenig verwunderlich dieser Umstand ist, läßt sich leicht zeigen. So nehme ich z.B. den Satz "Die Schöpfung ist eine wahrhafte Sache" und frage, ob "Schöpfung" hier für etwas oder aber für nichts supponiert. Supponiert dieser Ausdruck für nichts, so wird es sich entweder nicht um einen Satz handeln, oder aber der Satz wird falsch sein. Supponiert der Ausdruck jedoch für etwas, so prüfe ich, ob er für eine Sache außerhalb oder eine Sache innerhalb des Intellekts bzw. für eine aus beiden zusammengesetzte Sache supponiert; supponiert der Ausdruck jedoch für eine Sache außerhalb des Intellekts, so frage ich: für welche? Dies kann nur Gott sein. Somit steht der Ausdruck "Schöpfung" ebenso für Gott wie der Ausdruck "Schöpfer". Ebenso leicht läßt sich dies für jeden anderen Fall nachweisen. Supponiert der (abstrakte) Ausdruck z.B. für etwas innerhalb des Intellekts — einige Autoren meinen, daß er dann für eine Beziehung der Vernunft supponiert[98] —, so ergibt sich kein sinnvoller Satz, denn folgender Satz wäre falsch: "Die

impossibile, quia tunc haec esset falsa 'creatio est vera res';
et similiter, tunc numquam esset creatio nisi in anima, nec
Deus esset creans nisi per actum animae formantis talem
relationem rationis. Similiter, eadem facilitate posset dici
quod 'calefactio' supponit pro tali ente sive relatione rationis; nec potest esse aliqua ratio ad probandum talem esse
relationem in agente creato magis quam increato. Et ideo
secundum intentionem Philosophi nulla est res quae poterit significari per tale concretum vel connotari quin eodem
modo significetur vel connotetur per abstractum. Et ideo
apud eum, si utrumque imponatur ad significandum rem,
erunt nomina synonyma.

Nec valet dicere quod modus significandi impedit synonymitatem, quia diversitas modi significandi non impedit
synonymitatem nisi quando propter diversum modum significandi aliquid significatur vel connotatur per unum quod
non connotatur vel non significatur per reliquum eodem
modo. Sicut patet in istis 'homo', 'hominis', 'homines'; similiter 'homo', 'risibilis'; similiter 'intellectus', 'voluntas'
et 'anima'; similiter hic 'creans', 'gubernans', 'damnans',
'beatificans', et sic de / omnibus talibus, quae verificantur
de eodem, et tamen non sunt synonyma. Si enim solum diversitas modi significandi variaret synonymitatem, dicerem
aeque faciliter quod 'tunica' et 'vestis' non sunt synonyma, quia 'tunica' terminatur in 'a' et non 'vestis'; et sic
de multis talibus. Et ita talis diversitas nec quantum ad ter-
minationem nec quantum ad accidentia, cuiusmodi sunt

Schöpfung ist eine wahrhafte Sache". Es gäbe dann nur eine Schöpfung innerhalb der Seele und Gott erschüfe nur etwas kraft der eine solche Beziehung der Vernunft bildenden Seele. Mit der gleichen Berechtigung könnte man sagen, daß der Ausdruck "Erhitzung" für ein solches Seiendes bzw. eine Beziehung der Vernunft supponiert. Auch kann es keine Begründung dafür geben, daß sich eine solche Beziehung nur in einem geschaffenen und nicht auch in einem nichtgeschaffenen handelnden Subjekt finden soll. Nach Aristoteles' Meinung gibt es daher keine Sache, die nicht auf eben dieselbe Weise durch einen konkreten Ausdruck bezeichnet oder mitbezeichnet wird, wie sie durch den (zugehörigen) abstrakten Ausdruck bezeichnet oder mitbezeichnet wird. Wenn daher — wie Aristoteles meint — beide Ausdrücke verwendet werden, um ein- und dieselbe Sache zu bezeichnen, so muß es sich um synonyme Ausdrücke handeln[99].

Auch ist die Behauptung unzutreffend, daß die Art und Weise einer Bezeichnung die Synonymität verhindere; ein Unterschied des Bezeichnungsmodus verhindert nämlich nur dann eine Synonymität, wenn aufgrund eines verschiedenen Bezeichnungsmodus etwas durch den einen Ausdruck bezeichnet oder mitbezeichnet wird, welches durch den anderen Ausdruck nicht auf dieselbe Weise mitbezeichnet oder bezeichnet wird. Dies ist bei folgenden Beispielen der Fall: (a) "Mensch", "(des) Menschen", "(die) Menschen"; (b) "Mensch", "Jemand, der lachen kann"; (c) "Intellekt", "Wille", "Seele"; (d) "Schöpfer", "Regierender", "Verdammender", "Seligmachender". Das Gleiche gilt für alle derartigen Ausdrücke, die von ein- und derselben Sache ausgesagt werden und dennoch keine Synonyma sind. Wenn nämlich der Unterschied des Bezeichnungsmodus allein eine Synonymität verhinderte, so könnte ich ebenso gut behaupten, daß "Tunika" und "Umhang" keine synonymen Ausdrücke sind, weil "Tunika" auf "a" endet, "Umhang" jedoch nicht; dasselbe gilt für viele andere solcher Beispiele. Eine Synonymität wird daher weder durch eine Verschiedenheit der grammatikalischen Wortendung, noch durch (grammatische) Kennzeichen eines Wortes — etwa das

genus et huiusmodi, nec quantum ad alia, cuiusmodi sunt
adiectivum et substantivum vel huiusmodi, evacuant synonymitatem. Tamen quando est varius modus significandi
proprie loquendo, tunc non est synonymitas. Sed hoc non
contingit in proposito, sicut patet manifeste, quia eundem
modum significandi omnino possunt habere concretum et
abstractum quando non sunt talia concretum et abstractum cuiusmodi sunt illa de primo modo, sicut dictum est
in principio istius tractatus.

Sic igitur talia abstracta, quando accipiuntur significative pro rebus, sunt nomina synonyma cum concretis, secundum intentionem Aristotelis. Sed secundum theologos
aliter forte oportet dicere de aliquibus, quamvis non de
omnibus.

Aliquando autem utuntur homines talibus abstractis, ut
significent ipsamet concreta, sicut faciunt de istis 'privatio',
'negatio', 'contradictio' et huiusmodi. Et sic in ista 'homo
est relatio', li relatio supponit significative et pro nominibus relativis. Et similiter 'similitudo' aliquando supponit
pro nomine relativo, puta pro hoc nomine 'simile'; similiter
'creatio' pro hoc nomine 'creans'; et 'quantitas' pro hoc
nomine 'quantum', et sic de multis talibus abstractis quae
non habent concreta sibi correspondentia, supponentia pro
rebus distinctis ab illis rebus quae significantur per abstracta, secundum intentionem Aristotelis. Et ideo de omnibus
talibus abstractis eodem modo quo conceditur de eis praedicari hoc praedicatum 'res extra animam' debet de eis
concedi / suum concretum et illud idem pro quo suum concretum supponit, quia, sicut frequenter est dictum, si talia
abstracta sint praecise nomina primae intentionis, erunt

Genus oder ähnliches bzw. andere Besonderheiten, etwa
den Unterschied zwischen adjektivischer und substan-
tivischer Form — aufgehoben. Handelt es sich jedoch im
eigentlichen Sinne um einen verschiedenen Bezeichnungsmodus, so liegt keine Synonymität vor. Dies ist in dem genannten Beispiel aber offensichtlich nicht der Fall, denn ein
konkreter und ein abstrakter Ausdruck können beide denselben Bezeichnungsmodus aufweisen, wenn es sich dabei
nicht um konkrete bzw. abstrakte Ausdrücke der erstge-
nannten Art handelt, von denen bereits zu Beginn dieses
Traktates die Rede war[100].

Nach Aristoteles' Meinung sind abstrakte Ausdrücke,
wenn sie signifikativ für bestimmte Dinge verwendet werden, ihren zugehörigen konkreten Ausdrücken synonym.
Nach Meinung der Theologen gilt jedoch für etliche —
wenn auch nicht für alle — solcher Ausdrücke etwas anderes[101].

Man macht mitunter von abstrakten Ausdrücken Gebrauch, um damit die Konkreta selbst zu bezeichnen, etwa
bei folgenden Ausdrücken: "Beraubung", "Verneinung",
"Widerspruch" usw. So supponiert z.B. das Wort "Relation"
innerhalb des Satzes "Mensch ist eine Relation" signifikativ
für relative Nomina. Ebenso supponiert mitunter "Ähnlichkeit" für ein relatives Nomen, z.B. das Wort "Ähnliches",
oder "Schöpfung" für dieses Nomen "Schöpfer" bzw.
"Quantität" für das Nomen "(konkrete) Menge". Das Gleiche gilt — wie Aristoteles meint — für zahlreiche andere solcher abstrakten Ausdrücke, die keine ihnen zugehörigen
konkreten Ausdrücke besitzen, dergestalt, daß diese für etwas supponieren, was von dem unterschieden ist, welches
durch die abstrakten Ausdrücke bezeichnet wird. In derselben Weise, wie man solchen abstrakten Ausdrücken zuer-
kennt, daß von ihnen das Prädikat "reale Sache außerhalb
der Seele" ausgesagt wird, sollte man auch zugeben, daß
ihre konkrete Ausdrucksform bzw. dasjenige, wofür der zugehörige konkrete Ausdruck supponiert, von ihnen ausgesagt wird. Sind nämlich — wie schon des öfteren ausgeführt
wurde — solche abstrakten Ausdrücke Wörter Erster Inten-

nomina synonyma cum suis concretis, secundum opinionem Aristotelis, ut mihi videtur.

Et ista est causa quare pauca talia abstracta inveniuntur ab Aristotele, quia omnia talia 'homo-humanitas', 'equusequinitas', 'animal-animalitas', 'asinus-asinitas', 'bos-bovitas', 'quantum-quantitas', 'relativum-relatio', 'simile-similitudo', 'calefaciens-calefactio', 'pater-paternitas', 'ternariustrinitas', 'duo-dualitas', et huiusmodi quando sunt nomina praecise primae intentionis synonyma reputavit.

Sed secundum usum loquentium aliquando abstracta sunt nomina secundae intentionis vel secundae impositionis, et tunc non sunt synonyma.

Alii autem dicunt quod omnia talia nomina abstracta significant res distinctas vel relationes rationis et pro illis supponunt.

Ad septimum dubium dicendum est quod in ista 'Sortes bis fuit albus' ponitur una dictio aequivalenter includens negationem scilicet haec dictio 'bis'. Unde virtute istius dictionis ista 'Sortes bis fuit albus' habet unam negativam exponentem; aequivalet enim isti 'Sortes primo fuit albus, et aliquo tempore postea non erat albus, et postea fuit albus'. Et propter istam negativam aequivalenter inclusam non stat mere determinate, ut contingat descendere per disiunctivam ad pronomina vel nomina propria exprimentia illa pro quibus praedicatum supponit.

Et consimiliter est de istis 'Sortes incipit esse albus', 'homo desinit esse grammaticus', et universaliter de talibus habentibus aliquam negativam exponentem.

tion, so sind sie auch — wenn ich Aristoteles recht verstehe — ihren konkreten Formen synonym.

Aus diesem Grund verwendet Aristoteles einige solcher abstrakten Ausdrücke; so hält er z.B. die folgenden Ausdrücke für synonym, sofern es sich bei ihnen um Wörter Erster Intention handelt: "Mensch" — "Menschsein", "Pferd" — "Pferdsein", "Lebewesen" — "Lebewesensein", "Esel" — "Eselsein", "Ochse" — "Ochsesein", "konkrete Menge" — "Quantität", "Relatives" — "Relation", "Ähnliches" — "Ähnlichkeit", "Erhitzer" — "Erhitzung", "Vater" — "Vaterschaft", "Drei" — "Trinität", "Zwei" — "Dualität".

Dem Sprachgebrauch nach handelt es sich dagegen bei abstrakten Ausdrücken mitunter um Wörter Zweiter Intention oder Zweiter Namengebung; diese sind dann aber keine synonymen Ausdrücke.

Andere Autoren behaupten, daß alle derartigen abstrakten Ausdrücke real voneinander unterschiedene Dinge oder Beziehungen der Vernunft bezeichnen und für diese auch supponieren[102].

Zum siebten Zweifel ist zu sagen, daß der Satz "Sokrates ist zweimal weiß gewesen" einen Ausdruck enthält, der auf äquivalente Weise eine Negation einschließt, nämlich "zweimal". Aufgrund des Einflusses dieses Ausdruckes gibt es zum Satz "Sokrates ist zweimal weiß gewesen" einen verneinenden Transformationssatz; er ist nämlich folgendem Satz gleichbedeutend: "Sokrates ist zuerst weiß gewesen; zu einem späteren Zeitpunkt war er nicht weiß; danach ist er wieder weiß gewesen". Aufgrund dieses auf äquivalente Weise in ihm eingeschlossenen negativen Transformationssatzes steht der Ausdruck "weiß" nicht allein in determinierter Supposition , so daß man mittels eines disjunktiven Satzes zu jenen Pronomina oder Eigennamen absteigen könnte, die jene Dinge ausdrücken, für die der Prädikatsterminus supponiert.

Dasselbe gilt für Sätze wie "Sokrates fängt an, weiß zu sein"; "Ein Mensch hört auf, Grammatiker zu sein" sowie allgemein alle Sätze, für die es einen verneinenden Transformationssatz gibt[103].

Per idem ad aliud: quod ista 'tantum animal est homo' habet / dictionem exclusivam, propter quam habet unam negativam exponentem, et ideo nec subiectum nec praedicatum supponit determinate.

Ad nonum dicendum quod si accipiatur de virtute vocis, termini eodem modo supponunt sicut in aliis; sed secundum usum loquentium improprie supponunt pro aliis.

[CAP. 73. De suppositione confusa tantum
et de regulis eius]

Viso quae est suppositio determinata, videndum est de suppositione confusa tantum.

Circa quam diversae regulae dantur. Una est quod quando terminus communis sequitur signum universale affirmativum mediate, tunc stat confuse tantum, hoc est semper in universali affirmativa praedicatum supponit confuse tantum, sicut in ista 'omnis homo est animal', 'omnis homo est albus', et sic de aliis. Sed quantumcumque signum universale ponatur a parte subiecti, si tamen propositio non sit universalis affirmativa, nec signum universale distribuit totum subiectum, praedicatum non supponit confuse tantum. Verbi gratia in ista 'videns omnem hominem est animal', li animal stat determinate, quia signum universale non distribuit totum subiectum, nec reddit istam propositionem universalem, ideo praedicatum non stat confuse tantum. Similiter est de ista 'creator omnium creabilium

In gleicher Weise läßt sich in bezug auf den *achten Zweifel* sagen, daß der Satz "Nur ein Lebewesen ist ein Mensch" ein ausschließendes Wort enthält, aufgrund dessen ein verneinender Transformationssatz gebildet werden kann; daher stehen weder das Subjekt noch das Prädikat in determinierter Supposition.

Zum neunten Zweifel ist zu sagen, daß hier die betreffenden Termini — sofern man sie ihrem Wortlaut nach versteht — auf dieselbe Weise supponieren wie in anderen Sätzen. Aufgrund eines besonderen Sprachgebrauches supponieren sie jedoch im übertragenen Sinne für etwas anderes[104].

KAP. 73. Zur allein-konfusen Supposition und ihren Regeln

Nach der determinierten Supposition ist nun die allein-konfuse Supposition zu betrachten.

Für sie gelten verschiedene Regeln[105]. Die *erste Regel* lautet: Folgt ein allgemeiner Terminus mittelbar auf ein universal-affirmatives Zeichen, so steht er in allein-konfuser Supposition; deshalb steht das Prädikat eines universal-affirmativen Satzes immer in allein-konfuser Supposition; dies gilt für Sätze wie "Jeder Mensch ist ein Lebewesen"; "Jeder Mensch ist weiß" usw. Falls aber ein wie auch immer beschaffenes Universalzeichen den Teil des Subjekts bildet, so gilt: Handelt es sich nicht um einen universal-affirmativen Satz und distribuiert das Universalzeichen nicht den ganzen Subjektsausdruck, so steht das Prädikat nicht in allein-konfuser Supposition. Z.B. hat der Ausdruck "Lebewesen" innerhalb des Satzes "Etwas, das jeden Menschen sieht, ist ein Lebewesen" determinierte Supposition, da das Universalzeichen nicht den vollständigen Subjektsausdruck distribuiert und diesen Satz auch nicht zu einem universalen macht; das Prädikat steht daher nicht in allein-konfuser Supposition. Ebenso verhält es sich mit folgendem Satz: "Der Schöpfer alles Erschaffbaren ist ein Seiendes". Hier steht der Aus-

est ens', li ens stat determinate et non confuse tantum.

Alia regula datur, quod quando aliquod signum universale vel includens aequivalenter signum universale praecedit terminum a parte eiusdem extremi, ita tamen quod non determinat totum praecedens copulam, facit illud quod sequitur a parte eiusdem extremi stare confuse tantum, illo modo loquendo quo pars extremi potest supponere et stare. Ita quod tunc sub illo non contingit descendere ad disiunctivam, / sicut patet hic 'omni tempore aliquod creabile fuit'; similiter hic 'omni tempore post Adam aliquis homo fuit'. Hic li homo supponit confuse tantum, quia si supponeret determinate vel confuse et distributive, esset falsa, quia quaelibet singularis est falsa, patet inductive. Similiter idem patet hic 'usque ad finem mundi aliquod animal erit' vel 'aliquis asinus erit'. Similiter idem posset dici hic 'usque ad finem mundi homo erit', et hic 'tota die fuit aliquis homo hic intus', posito quod diversi homines diversis horis fuerunt hic intus. Similiter in talibus 'semper fuit homo', 'semper erit homo', et sic de multis talibus. Utrum autem istud sit tenendum de virtute sermonis vel non, non multum curo; tamen secundum usum loquentium, propter quem multum valet talia scire, oportet sic dicere.

Dixi autem 'quando istud syncategorema non determinat totum extremum', quia si simpliciter determinaret totum extremum, hoc est totum quod ponitur ab una parte

druck "Seiendes" in determinierter und nicht in allein-konfuser Supposition.

Die *zweite Regel* lautet: Geht ein Universalzeichen oder ein Ausdruck, der einem Universalzeichen gleichbedeutend ist, einem Terminus innerhalb desselben Satzgliedes voraus — wobei es jedoch nicht alles determiniert, was vor der Kopula steht —, so bewirkt es, daß das, was (dem Terminus) innerhalb desselben Satzgliedes folgt, in allein-konfuser Supposition steht.[106] Dies gilt entsprechend jenem Verständnis, wonach auch der Teil eines Satzgliedes supponieren und für etwas stehen kann. In einem solchen Fall kann man nicht unter den betreffenden Ausdruck zu einem disjunktiven (Transformations-) Satz absteigen, z.B. bei folgenden Sätzen: "Zu jedem Zeitpunkt hat etwas existiert, das erschaffen werden kann"; oder "Zu jedem Zeitpunkt nach Adam hat ein Mensch existiert". Hier steht das Wort "Mensch" in allein-konfuser Supposition. Stünde es nämlich in determinierter oder in konfus-distributiver Supposition, dann wäre der Ausgangssatz falsch, weil jeder singuläre (Transformations-)Satz falsch ist; dies ergibt sich induktiv. Dasselbe gilt in folgenden Fällen: "Bis ans Ende der Welt wird irgendein Lebewesen existieren" oder " (Bis ans Ende der Welt) wird irgendein Esel existieren ". Dasselbe gilt für folgende Sätze: "Bis ans Ende der Welt wird ein Mensch existieren" bzw. "Während des ganzen Tages hat sich ein Mensch hier drinnen befunden", sofern man annimmt, daß jeweils verschiedene Menschen zu verschiedenen Tageszeiten hier waren. Das Gleiche gilt auch für Sätze wie "Immer hat ein Mensch existiert " und "Immer wird ein Mensch existieren " und viele andere solcher Sätze. Ob dies aber auch dem Wortlaut nach zutrifft oder nicht, beschäftigt mich hier nicht sehr. Im Hinblick auf den gewöhnlichen Sprachgebrauch, für den es von großem Wert ist, solches zu wissen, muß man es jedoch so (wie ich es getan habe) sagen.

Ich habe aber die Bedingung "sofern dieser synkategorematische Ausdruck nicht das vollständige Satzglied determiniert" deshalb erwähnt, weil die betreffende Regel nicht wahr wäre, wenn solch ein Ausdruck das vollständige Satzglied schlechthin — d.h. alles, was auf der einen Seite

verbi, tunc non esset verum. Sicut patet in ista 'omnis asinus hominis currit', nam li omnis determinat hoc totum 'asinus hominis' et non distribuit tantum li asinus nec li hominis tantum. Similiter est hic 'cuiuslibet hominis asinus currit': distribuitur hoc totum 'hominis asinus'. Unde isti termini 'hominis asinus', 'asinus hominis' ita sunt distribuibiles unica distributione sicut isti termini 'homo albus', 'animal album', et sic de aliis. Ita non est in istis 'tota die fuit aliquis homo hic intus', 'omni tempore post Adam aliquis homo fuit', nam hoc totum 'tempore post Adam aliquis homo' non potest esse subiectum respectu cuiuslibet verbi, sicut hoc totum 'hominis asinus' et similiter hoc totum 'asinus hominis' potest esse subiectum respectu cuiuslibet verbi.

Sive autem hoc sit proprie dictum sive non, non curo. Hoc tamen sciendum est quod quando etiam a parte eiusdem extremi signum / universale affirmativum praecedit mediate terminum communem, non contingit descendere ad contenta sub illo termino communi nec copulative nec disiunctive, non plus quam si ille terminus communis esset extremum propositionis et supponeret confuse tantum. Et hoc est intelligendum quando terminus immediate sequens et mediate sequens non sunt eiusdem casus vel quando non se habent sicut adiectivum et substantivum, quia si sic se haberent, ad neutrius contenta omnia contingit descendere. Sicut quando sic dicitur 'omnis homo albus est albus' ad neutrius contenta omnia contingit descendere copulative. Secus est in primo casu, quia in illo casu contingit descen-

des Verbs steht — determinierte. So verhält es sich z.B. bei folgendem Satz: "Jeder Esel eines Menschen läuft"; das Wort "jeder" determiniert nämlich den ganzen Ausdruck "Esel eines Menschen"; es distribuiert weder das Wort "Esel" allein, noch das Wort "eines Menschen" allein. Ebenso verhält es sich hier: "Eines jeden Menschen Esel läuft"; der ganze Ausdruck "eines Menschen Esel" wird distribuiert. Daher sind die Termini "eines Menschen Esel" bzw. "Esel eines Menschen" ebenso aufgrund einer einzigen Distribution distribuierbar wie die Termini "ein weißer Mensch" bzw. "ein weißes Lebewesen"; dasselbe gilt auch für andere Ausdrücke. Dagegen trifft es nicht auf Sätze der folgenden Art zu: "Während des ganzen Tages hat sich irgendein Mensch hier drinnen befunden"; "Zu jeder Zeit nach Adam hat irgendein Mensch existiert". Der vollständige Ausdruck "irgendein Mensch zur Zeit nach Adam" kann nicht in gleicher Weise das Subjekt in bezug auf ein beliebiges Verb bilden, während dies bei dem vollständigen Ausdruck "eines Menschen Esel" bzw. "Esel eines Menschen" in bezug auf jedes beliebige Verb möglich ist[107].

Ob das soeben Gesagte aber im eigentlichen Sinne zu verstehen ist oder nicht, mag dahingestellt bleiben. Es ist jedoch folgendes festzuhalten: Geht ein universal-affirmatives Zeichen als Teil desselben Satzgliedes mittelbar einem allgemeinen Terminus voraus, so kann man weder mittels einer Konjunktion noch mittels einer Disjunktion zu den singulären Supposita des allgemeinen Terminus absteigen, und zwar ebensowenig, als wenn dieser allgemeine Terminus ein (vollständiges) Satzglied bildete und in allein-konfuser Supposition stünde. Diese Regel gilt nur dann, wenn der unmittelbar bzw. der mittelbar folgende Terminus nicht im gleichen Kasus bzw. wenn sie nicht als Adjektiv und Substantiv in Beziehung zueinander stehen. Wenn sie nämlich so zueinander stünden, dann könnte man bei keinem der beiden Termini zu allen Supposita absteigen. So läßt sich im Satz "Jeder weiße Mensch ist weiß" bei keinem der beiden Termini mittels einer Konjunktion zu allen Supposita absteigen. Anders verhält es sich im ersten Fall, da man hier zwar zu allen Supposita desjenigen Terminus, der unmittelbar auf

dere ad omnia contenta termini immediate sequentis signum et non ad contenta alterius; neutrum tamen supponit
proprie sed compositum ex illis duobus. Exemplum patet
in ista 'cuiuslibet hominis asinus currit' et in ista 'omnem
hominem videns est animal'.

Tertia regula potest dari, quod semper subiectum exclusivae affirmativae supponit confuse tantum, sicut in ista
'tantum animal est homo', li animal supponit confuse tantum, sicut in universali affirmativa convertibili cum illa exclusiva, puta 'omnis homo est animal'.

[CAP. 74. De suppositione confusa et distributiva
et de regulis eius]

Circa suppositionem confusam et distributivam dantur
diversae regulae. Et primo de suppositione confusa et distributiva mobili. Et sunt istae:

Una est quod in omni propositione universali affirmativa
et negativa, quae non est exclusiva nec exceptiva, stat subiectum confuse et distributive mobiliter, sicut patet in istis
'omnis homo currit', 'nullus homo currit'. /

Secunda regula: quod in omni tali universali negativa
praedicatum stat confuse et distributive.

Tertia regula est quod quando negatio determinans com-
positionem principalem praecedit, praedicatum stat confuse et distributive, sicut in ista 'homo non est animal' li animal stat confuse et distributive, sed 'homo' stat determinate.

das synkategorematische Zeichen folgt, jedoch nicht zu den Supposita des anderen Terminus absteigen kann. Allerdings supponiert keiner der beiden Termini (für sich genommen) im eigentlichen Sinne, sondern nur der aus beiden zusammengesetzte Ausdruck. Als Beispiel hierfür dienen die Sätze: "Eines jeden Menschen Esel läuft" und "Das, was jeden Menschen sieht, ist ein Lebewesen".

Die *dritte Regel* lautet: Das Subjekt eines affirmativ-exklusiven Satzes steht immer in allein-konfuser Supposition. So steht z.B. das Wort "Lebewesen" in dem Satz "Nur ein Lebewesen ist ein Mensch" ebenso in allein-konfuser Supposition, wie in folgendem, mit dem exklusiven Satz vertauschbaren universal-affirmativen Satz: "Jeder Mensch ist ein Lebewesen".

KAP. 74. Zur konfus-distributiven Supposition und ihren Regeln

Für die konfus-distributive Supposition gibt es verschiedene Regeln. Zunächst gelten folgende Regeln in bezug auf die mobile konfus-distributive Supposition[108].

Die *erste Regel* lautet: In jedem universal-affirmativen und universal-negativen Satz, bei dem es sich weder um einen exklusiven noch um einen exzeptiven Satz handelt, steht das Subjekt in mobiler konfus-distributiver Supposition; so z.B. in den Sätzen "Jeder Mensch läuft"; "Kein Mensch läuft".

Zweite Regel: In jedem universal-negativen Satz steht das Prädikat in konfus-distributiver Supposition.

Die *dritte Regel* lautet: Wenn eine Negation, die die grundlegende Satzkomposition bestimmt, dem Prädikat vorausgeht, so steht dieses in konfus-distributiver Supposition; z.B. steht das Wort "Lebewesen" innerhalb des Satzes "Ein Mensch ist nicht ein Lebewesen" in konfus-distributiver Supposition, das Wort "Mensch" jedoch in determinierter Supposition.

Quarta regula est quod illud quod immediate sequitur hoc verbum 'distinguitur' vel 'differt', vel participia eis correspondentia, vel hoc nomen 'aliud', vel aequivalens illis, stat confuse et distributive. Sicut bene sequitur 'Sortes distinguitur ab homine, igitur Sortes distinguitur ab hoc homine', quocumque homine demonstrato; similiter in ista 'Sortes differt ab homine' vel 'Sortes est differens ab homine'; et similiter in ista 'Sortes est alius ab homine'.

Verumtamen sciendum est quod praedictae regulae verae sunt quando sine negatione, vel tali verbo vel nomine dempto, praedictus terminus non staret confuse et distributive, quia si aliquo praedictorum dempto terminus staret confuse et distributive, tunc per adventum talis dictionis idem terminus staret determinate. Sicut patet in ista 'Sortes est omnis homo', hoc praedicatum 'homo' stat confuse et distributive. Ideo si praecedat negatio, stabit determinate, sicut patet sic dicendo 'Sortes non est omnis homo'; nam sequitur 'Sortes non est iste homo', quocumque homine demonstrato, 'igitur Sortes non est omnis homo'. Et eodem modo dicendum est de aliis.

Et ideo ista regula est vera 'quidquid mobilitat immobilitatum, immobilitat mobilitatum'. Hoc est, quidquid additum termino stanti immobiliter facit ipsum stare mobiliter postquam additur sibi, illud idem additum termino stanti primo mobiliter facit ipsum stare immobiliter postquam sibi additur. Sicut in ista propositione 'Sortes est homo', stat 'homo' immobiliter; et si addatur negatio, sic dicendo 'Sortes non est homo', negatio facit li homo stare mobili-

Die *vierte Regel* lautet: Ein Terminus, der unmittelbar auf das Verb "wird unterschieden" bzw. "ist verschieden von" oder auf die ihnen entsprechenden Partizipien, oder aber auf das Wort "etwas anderes" bzw. auf etwas folgt, was all diesen Termini gleichbedeutend ist, steht in konfus-distributiver Supposition. Daher gilt der Schluß "Sokrates unterscheidet sich von einem Menschen; also: Sokrates unterscheidet sich von diesem Menschen" — auf welchen Menschen immer man hinweist —; das gleiche gilt für folgende Sätze: "Sokrates unterscheidet sich von einem Menschen" oder "Sokrates ist von einem Menschen verschieden" bzw. "Sokrates ist ein anderer als ein Mensch".

Es ist jedoch festzuhalten, daß die obengenannten Regeln nur gelten, wenn der betreffende Terminus ohne Setzung dieser Negation bzw. eines solchen verneinenden Verbs oder Nomens nicht in konfus-distributiver Supposition stünde. Stünde nämlich der Terminus, falls einer der zuvorgenannten Ausdrücke entfiele, in konfus-distributiver Supposition, dann hätte derselbe Terminus nach Setzung eines solchen Ausdruckes determinierte Supposition. So steht z.B. das Prädikat "Mensch" im Satz "Sokrates ist jeder Mensch" in konfus-distributiver Supposition. Geht ihm nun eine Negation voraus, so wird dieser Terminus determinierte Supposition aufweisen, z.B. im Satz: "Sokrates ist nicht jeder Mensch". Es gilt nämlich: "Sokrates ist nicht dieser Mensch" — auf welchen Menschen immer man hinweist —; "also: Sokrates ist nicht jeder Mensch". Dasselbe trifft auf andere Beispiele zu.

Es gilt daher *folgende Regel*: "Was immer etwas Immobiles mobil macht, macht auch das Mobile immobil". Das heißt: Ein Ausdruck, der, nachdem er einem Terminus in immobiler Supposition beigefügt wurde, diesen in mobile Supposition versetzt, versetzt auch einen Terminus, der zunächst in mobiler Supposition steht, in immobile Supposition, nachdem er diesem beigefügt wurde[109]. So steht "Mensch" im Satz "Sokrates ist ein Mensch" zunächst in immobiler Supposition. Wird ihm nun eine Negation beigefügt — z.B. im Satz: "Sokrates ist nicht ein Mensch" —, so versetzt diese das Wort "Mensch" in mobile Supposition.

ter. Et ideo si primo stet / terminus mobiliter sine negatione, postquam additur sibi negatio stabit immobiliter. Sicut in ista 'Sortes est omnis homo': quia in ista 'Sortes est omnis homo' stat li homo mobiliter, ideo in ista 'Sortes non est omnis homo' stat li homo immobiliter. Et eodem modo dicendum est de istis 'Sortes differt ab omni homine', 'Sortes est alius ab omni homine'.

Hoc igitur universaliter est dicendum quod quidquid facit terminum stare confuse et distributive vel est signum universale vel negatio vel aliquid aequivalens negationi. Non tamen semper quando aliquid includit negationem facit ipsum stare mobiliter, sicut patet de dictione exclusiva in propositione affirmativa, quia subiectum non supponit confuse et distributive sed praedicatum. In exclusiva autem negativa, in qua dictio exclusiva additur subiecto, tam subiectum quam praedicatum supponit confuse et distributive.

Circa suppositionem confusam et distributivam immobilem est sciendum quod semper subiectum talem habet suppositionem in propositione exceptiva, sicut patet in ista 'omnis homo praeter Sortem currit'. Nam li homo supponit confuse et distributive, non tamen mobiliter, quia non contingit descendere nihil variando, nisi per solam positionem singularis loco termini communis et signi. Nam non sequitur 'omnis homo praeter Sortem currit, igitur iste homo praeter Sortem currit', nam consequens est improprium, sicut post patebit.

Hic tamen sciendum est quod aliquo modo contingit descendere ad omnia singularia sed non eodem modo, sed

Wenn daher ein Terminus ohne Negation zunächst in mobiler Supposition steht, so wird er immobile Supposition aufweisen, nachdem ihm eine Negation beigefügt wurde. Dies ist z.B. in folgendem Satz der Fall: "Sokrates ist jeder Mensch". Steht hier das Wort "Mensch" in mobiler Supposition, so hat es imSatz "Sokrates ist nicht jeder Mensch" immobile Supposition. Dasselbe gilt auch für die Sätze: "Sokrates unterscheidet sich von jedem Menschen"; "Sokrates ist ein anderer als jeder Mensch".

Es gilt also allgemein: Bei dem, was einen Terminus in konfus-distributive Supposition versetzt, handelt es sich entweder um ein Universalzeichen oder eine Negation bzw. um einen der Negation gleichbedeutenden Ausdruck. Ein Ausdruck, der eine Negation beinhaltet, versetzt jedoch nicht immer einen Terminus in mobile Supposition. Dies trifft z.B. auf einen ausschließenden Ausdruck innerhalb eines affirmativen Satzes zu, da hier nicht das Subjekt, sondern das Prädikat in konfus-distributiver Supposition steht. In einem ausschließend-negativen Satz aber, in welchem der ausschließende Ausdruck dem Subjekt beigefügt wird, haben sowohl das Subjekt als auch das Prädikat konfus-distributive Supposition.[110]

Für die immobile, konfus-distributive Supposition gilt folgende Regel: Der Subjektsausdruck eines ausnehmenden (exzeptiven) Satzes weist immer diese Supposition auf; z.B.: "Jeder Mensch, Sokrates ausgenommen, läuft". Der Ausdruck "Mensch" steht in konfus-distributiver, nicht jedoch mobiler Supposition, da man nicht (unter ihn) absteigen kann, ohne noch eine andere Änderung vorzunehmen als lediglich die Ersetzung des allgemeinen Terminus und des (ihn universell distribuierenden) Zeichens durch einen singulären Terminus. Denn es folgt nicht: "Jeder Mensch, Sokrates ausgenommen, läuft; also: dieser Mensch, Sokrates ausgenommen, läuft". Der Folgesatz ist nämlich kein eigentlicher Satz, wie sich an späterer Stelle zeigen wird[111].

Es gilt jedoch, daß man auf irgendeine Weise zu allen singulären Supposita absteigen kann; dies ist jedoch nicht auf immer dieselbe Weise möglich, sondern auf das eine Suppositum nur mittels eines negativen, auf alle anderen

ad unum negative et ad omnia alia affirmative. Nam bene sequitur 'omnis homo praeter Sortem currit, igitur Sortes non currit', et de omnibus aliis sequitur affirmative 'igitur iste homo currit, et ille homo currit', et sic de singulis, excepto solo Sorte. Et hoc facit dictio exceptiva addita. /

[CAP. 75. Qualiter supponit praedicatum
in propositionibus de 'incipit' et 'desinit']

Potest autem dubitari de talibus de quibus tactum est: 'Sortes desinit esse albus', 'Sortes bis fuit Romae', 'Sortes ter fuit niger', 'Sortes incipit esse grammaticus', et huiusmodi, quomodo praedicata in eis supponunt.

Quod enim non supponant determinate patet, quia non contingit descendere ad singularia per disiunctivam. Non enim sequitur 'Sortes incipit esse grammaticus, igitur Sortes incipit esse hoc vel incipit esse illud', demonstrando omnia pro quibus praedicatum supponit, quia antecedens potest esse verum qualibet parte consequentis exsistente falsa; igitur non supponit determinate. Similiter non sequitur 'Sortes incipit esse grammaticus, igitur Sortes incipit esse iste grammaticus', demonstrando Platonem; et ita non supponit confuse et distributive. Nec supponit confuse tantum, quia non contingit descendere ad singularia per propositionem de disiuncto praedicato. Non enim sequitur 'Sortes incipit esse grammaticus, igitur incipit esse iste vel ille grammaticus', et sic de singulis grammaticis, quia antecedens potest esse verum sine consequente.

mittels eines affirmativen Satzes. So folgt: "Jeder Mensch, Sokrates ausgenommen, läuft; also: Sokrates läuft nicht". Für alle anderen Supposita folgt dagegen auf affirmative Weise: "Dieser Mensch läuft, und jener Mensch läuft" usw. für alle einzelnen Menschen mit Ausnahme von Sokrates. Dies bewirkt der beigefügte ausnehmende Ausdruck[112].

KAP. 75. Zur Supposition des Prädikates in Sätzen mit "anfängt" und "aufhört"

Es können sich aber Zweifel bezüglich solcher Sätze ergeben, die wir weiter oben erwähnt haben: "Sokrates hört auf, weiß zu sein"; "Sokrates war zweimal in Rom"; "Sokrates war dreimal schwarz"; "Sokrates fängt an, ein Grammatiker zu sein" und ähnliche mehr. Hier fragt sich, auf welche Weise die Prädikate dieser Sätze supponieren[113].

Es ist offensichtlich, daß sie nicht in determinierter Supposition stehen, da man nicht mittels eines disjunktiven Satzes zu den einzelnen Supposita absteigen kann. Es folgt nämlich nicht: "Sokrates fängt an, ein Grammatiker zu sein; also gilt: Sokrates fängt an, das zu sein, oder er fängt an, jenes zu sein", sofern man auf all jene Dinge verweist, für die das Prädikat supponiert. Der Vordersatz kann nämlich wahr sein, selbst wenn jedes Teilglied des Schlußsatzes falsch ist; der Terminus steht also nicht in determinierter Supposition. Ebenso folgt nicht: "Sokrates fängt an, ein Grammatiker zu sein; also fängt Sokrates an, dieser Grammatiker zu sein", wenn man sich hiermit z.B. auf Platon bezieht. Der Terminus steht also nicht in konfus-distributiver Supposition. Ebensowenig steht er in allein-konfuser Supposition, da man nicht über einen Satz mit disjunktivem Prädikatsausdruck zu den singulären Supposita absteigen kann. Es folgt nämlich nicht: "Sokrates fängt an, ein Grammatiker zu sein; also fängt Sokrates an, dieser oder jener Grammatiker zu sein" usw. für alle einzelnen Grammatiker. Der Vordersatz kann nämlich wahr sein, ohne daß der Schlußsatz gleichzeitig wahr ist.

Potest dici quod terminus praedicatus in talibus propositionibus, vel etiam illud quod sequitur verbum adiectivum vel substantivum, non habet suppositionem nec determinatam nec confusam tantum nec confusam et distributivam, sed unam aliam pro qua tamen nomen non habemus. Unde ista suppositio convenit cum confusa tantum, quia sicut quando terminus supponit confuse tantum, a quolibet pronomine demonstrante aliquod singulare contentum sub termino ad terminum communem contingit ascendere, ita contingit in proposito. Sicut enim sequitur 'omnis homo est hoc', demonstrando quodcumque animal, 'igitur omnis homo est animal', ita sequitur 'Sortes incipit esse hoc', / demonstrando quodcumque grammaticum, 'igitur Sortes incipit esse grammaticus'.

Differt autem a suppositione confusa tantum, quia non contingit descendere ad disiunctum ex nominibus propriis illorum pro quibus terminus communis supponit. Non enim sequitur 'Sortes incipit esse grammaticus, igitur Sortes incipit esse iste vel ille', demonstrando omnes grammaticos.

Differt autem praedicta suppositio a suppositione determinata, quia non contingit descendere per disiunctivam.

Ratio autem quare terminus talis non habet aliquam praedictarum suppositionum est ista: quia semper illa propositio aequivalet uni copulativae ex duabus vel pluribus propositionibus, quarum aliqua est negativa et alia affirmativa de eodem subiecto, in quibus idem terminus habet diversas suppositiones; et ideo nullam istarum habet in illa una propositione cuius exponentes sunt istae partes. Verbi

Es läßt sich daher sagen, daß der Prädikatsterminus in solchen Sätzen (bzw. dasjenige, was auf das adjektivische oder das substantivische Verb folgt)[114] weder in determinierter, noch in allein-konfuser oder konfus-distributiver Supposition steht. Ihm kommt vielmehr eine andere Supposition zu, für welche uns jedoch kein eigener Name zur Verfügung steht[115]. Diese Supposition ähnelt der allein-konfusen darin, daß man — wie bei der allein-konfusen Supposition — zu dem allgemeinen Terminus von einem beliebigen Pronomen aufsteigen kann, welches auf ein singuläres Suppositum des Terminus verweist; dies ist im Beispielsatz der Fall. Wie nämlich gilt: "Jeder Mensch ist das da" — wobei man auf ein beliebiges Lebewesen zeigt — "Also ist jeder Mensch ein Lebewesen", so folgt auch: "Sokrates fängt an, dieses da zu sein" — wobei man auf etwas beliebiges Grammatisches zeigt — "Also fängt Sokrates an, ein Grammatiker zu sein".

Die genannte Supposition unterscheidet sich aber von der allein-konfusen Supposition, weil man nicht zu einer Disjunktion der Eigennamen jener einzelnen Dinge absteigen kann, für welche der allgemeine Terminus supponiert. Es folgt nämlich nicht: "Sokrates fängt an, ein Grammatiker zu sein; also fängt Sokrates an, dieser oder jener zu sein", wenn dabei auf alle Grammatiker hinweist.

Sie unterscheidet sich aber auch von der determinierten Supposition, da man nicht mittels eines disjunktiven Satzes (zu den singulären Supposita) absteigen kann.

Der Grund, weshalb ein solcher Terminus keine der obengenannten Suppositionsarten aufweist, ist folgender: ein Satz – wie der zitierte – ist immer einem Satz gleichbedeutend, der eine Konjunktion aus zwei oder mehreren Teilsätzen bildet. Einer dieser Sätze ist ein verneinender, der andere ein affirmativer Satz und zwar jeweils in bezug auf ein- und dasselbe Subjekt. In diesen Teilsätzen weist derselbe Terminus somit verschiedene Suppositionen auf. Aus diesem Grunde kommen dem genannten Terminus in jenem Satz, zu welchem diese Teilsätze die Transformationssätze bilden, keine der uns bekannten Suppositionen zu. So ist der

gratia ista 'Sortes incipit esse albus' aequivalet isti copulativae 'Sortes nunc primo est albus et antea non erat albus'. Nunc autem in ista 'Sortes est albus' li albus supponit determinate, in ista autem 'Sortes non fuit albus' li albus supponit confuse et distributive, propter negationem praecedentem.

Et si dicatur quod tunc in ista 'tantum animal est homo' secundum istam rationem subiectum non haberet suppositionem confusam tantum, eo quod illa aequivalet uni copulativae, cuius una pars est affirmativa et alia negativa, in quibus subiectum habet diversam et non eandem suppositionem:

Dicendum est quod in illa exclusiva affirmativa subiectum habet suppositionem confusam tantum, quia quamvis exponentes suae habeant subiecta quae habent diversas suppositiones, quia tamen illa subiecta non sunt illud idem subiectum quod est subiectum exclusivae, quia aliud est subiectum negativae exponentis et affirmativae, ideo poterit subiectum exclusivae habere aliquam suppositionem illarum trium. / Nunc autem in talibus propositionibus 'Sortes incipit esse grammaticus', 'Sortes desinit esse albus', 'Sortes bis fuit niger' idem est subiectum exponentium et propositionis expositae.

[CAP. 76. De suppositione terminorum relativorum,
accipiendo relativum sicut accipit grammaticus
et non sicut logicus]

Istis visis de suppositione terminorum absolutorum, videndum est de suppositione relativorum, non accipiendo 'relativum' illo modo quo logicus accipit, sed illo modo quo grammaticus accipit, secundum quod dicit quod "relativum est ante latae rei recordativum".

Satz "Sokrates fängt an, weiß zu sein" folgendem kopulativen Satz gleichbedeutend: "Sokrates ist zum erstenmal weiß, und (Sokrates) war zuvor nicht weiß". Das Wort "weiß" steht dabei im Teilsatz "Sokrates ist weiß" in determinierter, im Satz "Sokrates war nicht weiß" jedoch in konfus-distributiver Supposition, da ihm hier eine Negation vorausgeht.

Man könnte dagegen einwenden, daß aufgrund derselben Begründung auch das Subjekt des Satzes "Nur ein Lebewesen ist ein Mensch" nicht in allein-konfuser Supposition steht. Dieser Satz ist nämlich einem kopulativen Satz gleichbedeutend, dessen einer Teilsatz affirmativ, der andere aber verneinend ist, wobei ihre Subjekte eine jeweils verschiedene Supposition aufweisen[116].

Zu diesem ausschließend-affirmativen Beispielsatz ist zu sagen, daß hier das Subjekt in allein-konfuser Supposition steht. Zwar haben seine Transformationssätze Subjektsausdrücke mit je verschiedenen Suppositionen. Da jedoch keines dieser Subjekte mit jenem Ausdruck identisch ist, der als Subjekt des ausschließenden Satzes fungiert (so unterscheidet sich etwa das Subjekt des verneinenden von dem des affirmativen Transformationssatzes), kann dem Subjekt des ausschließenden Satzes eine der drei bekannten Suppositionsarten zukommen. In solchen Sätzen wie "Sokrates fängt an, ein Grammatiker zu sein"; "Sokrates hört auf, weiß zu sein"; "Sokrates war zweimal schwarz" ist dagegen das Subjekt der Transformationssätze mit dem des Ausgangssatzes identisch.

KAP. 76. Zur Supposition der Relativpronomina
im Sinne der Grammatik, nicht der Logik

Nach der Supposition der absoluten Termini ist nun die der relativen Termini (Relativpronomina) zu analysieren. Hierbei verstehen wir den Ausdruck "Relativum" nicht so wie ein Logiker, sondern nach der Definition des Grammatikers, wonach "das Relativum die Wiedererwähnung einer zuvorgenannten Sache ist".[117]

Est autem primo sciendum quod 'relativum', secundum quod grammatici utuntur relativo, quoddam vocatur relativum substantiae, quoddam vocatur relativum accidentis. Relativum substantiae vocatur sicut 'iste', 'ille', 'idem'. Relativa accidentis vocantur illa quae imponuntur aliquo modo vel derivantur a pluribus accidentibus, sicut 'talis', 'tantus', 'tot' et huiusmodi.

Relativa substantiae quaedam sunt relativa identitatis, quaedam diversitatis. Relativorum identitatis quaedam sunt non reciproca, quaedam sunt reciproca. Non reciproca sunt sicut 'ille', 'idem' et sic de aliis.

Et de istis dantur regulae: quod semper supponunt pro illo pro quo supponunt sua antecedentia, ita quod pro eodem verificantur, si verificentur. Sicut patet hic 'Sortes currit et ille disputat': ad hoc quod ista copulativa sit vera requiritur quod secunda pars verificetur pro illo / eodem pro quo prima pars verificatur. Similiter hic 'homo est species et ille praedicatur de pluribus'.

Unde sciendum est quod tale relativum numquam debet poni in eadem categorica cum suo antecedente, sic dicendo 'Sortes est ille', nam hic li ille est pronomen demonstrativum et non relativum.

Similiter sciendum quod numquam, quando antecedens relativi est terminus communis supponens personaliter, est licitum ponere antecedens loco relativi ad habendum propositionem convertibilem et aequivalentem. Sicut istae non aequipollent 'homo currit et ille disputat', 'homo currit et homo disputat'. In aliis casibus contingit, nam istae aequi-

Zunächst ist festzuhalten, daß man — was das grammatikalische Verständnis des Relativpronomens anbelangt — zwischen einem *Relativpronomen der Substanz* und einem *Relativpronomen des Akzidens* unterscheidet. Ausdrücke wie "dieser", "jener", "derselbe" nennt man Relativpronomina der Substanz. Relativpronomina des Akzidens aber nennt man Ausdrücke, die auf irgendeine Weise von mehreren Akzidenzien her (dem Bezeichneten) beigelegt oder von ihnen abgeleitet werden, z.B. "so beschaffen", "so groß", "so viele" usw.

Bei den Relativpronomina der Substanz unterscheidet man zwischen denen der Identität und denen des Unterschiedes. Von den *Relativpronomina der Identität* wiederum gelten die einen als nicht-reziprok, die anderen aber als reziprok. *Nicht-reziproke Relativpronomina* sind z.B. die Ausdrücke "jener", "derselbe" usw.

Für diese Ausdrücke gelten nun folgende Regeln: die Relativpronomina der Identität supponieren immer für dasjenige, wofür auch ihre Antezedenzien supponieren; d.h. sie werden für ein- und dieselbe Sache verifiziert, sofern sie überhaupt für etwas verifiziert werden. Dies belegt folgendes Beispiel: "Sokrates läuft, und jener disputiert." Damit dieser kopulative Satz wahr ist, ist es erforderlich, daß der zweite Teilsatz für dieselbe Sache verifiziert wird, für welche auch der erste Teilsatz bewahrheitet wird. Dasselbe gilt für den Satz: "Mensch ist eine Art, und jene wird von vielen ausgesagt".

Daher muß man wissen, daß ein solches Relativpronomen niemals im selben kategorischen Satz vorkommen darf wie sein Antezedens, etwa wenn man sagte: "Sokrates ist jener". In diesem Fall handelt es sich bei dem Wort "jener" um ein Demonstrativ- und nicht um ein Relativpronomen.

Ebenso muß man Folgendes wissen: Handelt es sich bei dem Antezedens des Relativpronomens um einen allgemeinen Terminus in personaler Supposition, so ist es niemals zulässig, das Antezedens an die Stelle des Relativpronomens zu setzen, etwa um dadurch einen konvertiblen bzw. äquivalenten Satz zu erhalten. So sind die folgenden Sätze nicht gleichbedeutend: "Ein Mensch läuft, und jener disputiert" und "Ein Mensch läuft, und ein Mensch disputiert".

pollent 'Sortes currit et ille disputat', 'Sortes currit et Sortes disputat'.

Similiter est sciendum quod negatio numquam facit relativum stare confuse et distributive, sed semper supponit pro illo praecise pro quo verificatur suum antecedens, vel denotatur verificari. Unde haec est vera 'aliquis homo est Plato et Sortes non est ille', et tamen non sequitur 'igitur Sortes non est homo', sed sufficit quod haec sit vera 'Sortes non est Plato'. Et ita de virtute sermonis ista duo stant simul 'aliquis homo currit et Sortes non est ille' et 'aliquis homo currit et Sortes est ille', quia si Sortes et Plato currant utraque istarum copulativarum est vera.

Circa relativa identitatis reciproca sciendum quod differunt in hoc ab aliis quod possunt indifferenter poni in eadem categorica cum suo antecedente et in alia. Sicut patet de istis relativis 'se', 'suus'; nam bene dicitur 'Sortes disputat et videt se'; similiter bene dicitur 'Sortes videt se'; similiter bene dicitur 'Sortes videt suum asinum'; et bene dicitur 'Sortes currit et suus asinus ambulat'.

Et est sciendum quod aliquando relativum est pars extremi et aliquando est extremum. Quando est extremum, ita scilicet quod sequitur vel praecedit immediate verbum, tunc supponit pro illo pro quo sup/ponit suum antecedens; sicut in istis 'Sortes videt se', 'omnis homo videt se'. Sed quando est pars extremi tunc non supponit pro illo pro quo supponit suum antecedens, sed supponit pro aliquo importato per illud cui additur. Sicut patet hic 'Sortes dis-

In anderen Fällen ist dies jedoch möglich. So sind z.B. folgende Sätze gleichbedeutend: "Sokrates läuft, und jener disputiert" und "Sokrates läuft, und Sokrates disputiert".

Ebenso gilt, daß eine Negation niemals bewirkt, daß ein Relativpronomen in konfus-distributiver Supposition steht. Es supponiert vielmehr immer genau für dasjenige, wofür sein Antezedens verifiziert wird bzw. wovon man behauptet, daß es verifiziert wird. Daher ist der Satz wahr: "Ein Mensch ist Plato, und Sokrates ist nicht jener". Hieraus folgt jedoch nicht: "also ist Sokrates nicht ein Mensch". Es genügt vielmehr, daß der Satz "Sokrates ist nicht Plato" wahr ist. Dem Wortlaut nach sind daher die beiden folgenden Sätze gleichzeitig wahr: "Irgendein Mensch läuft, und Sokrates ist nicht jener" und "Irgendein Mensch läuft, und Sokrates ist jener". Laufen nämlich sowohl Sokrates als auch Platon, so ist jeder dieser kopulativen Sätze wahr.

Die *reziproken Relativpronomina* der Identität unterscheiden sich darin von den anderen Relativpronomina, daß sie sowohl im selben kategorischen Satz wie ihr Antezedens als auch in einem anderen Satz vorkommen können. Dies trifft z.B. auf Relativpronomina wie "sich" und "sein" zu; denn die folgenden Sätze sind korrekt formuliert: "Sokrates disputiert und sieht sich"; "Sokrates sieht sich"; "Sokrates sieht seinen Esel"; "Sokrates läuft, und sein Esel geht."

Ferner kann ein solches Relativpronomen einmal nur Teil eines Satzgliedes, das andere Mal dagegen selbst ein vollständiges Satzglied sein. Ist es ein vollständiges Satzglied — in dem Sinne nämlich, daß es unmittelbar dem Verb vorausgeht oder aber auf dieses folgt —, so supponiert das Relativpronomen für dasjenige, wofür auch sein Antezedens steht; etwa in den Sätzen: "Sokrates sieht sich"; "Jeder Mensch sieht sich". Bildet es dagegen nur den Teil eines Satzgliedes, so supponiert es nicht für dasjenige, wofür auch sein Antezedens supponiert. Vielmehr supponiert es dann für etwas, was mit demjenigen Ausdruck gemeint ist, welchem man es zuordnet. Dies ist in folgendem Satz der Fall: "Sokrates disputiert, und sein Esel läuft". Hier steht

putat et suus asinus currit'. Hic li suus non supponit pro Sorte, sed supponit pro asino Sortis et non pro alio asino.

Est etiam sciendum quod semper tale relativum habet talem suppositionem et pro eisdem supponit pro quibus supponit suum antecedens. Sed quando suum antecedens supponit confuse et distributive vel determinate, habet consimilem suppositionem sed singillatim, reddendo scilicet singula singulis. Et ideo non contingit descendere nec copulative nec disiunctive, nec alio modo, nisi respectu alicuius contenti sub antecedente. Verbi gratia in ista 'omnis homo videt se' li se supponit pro omni homine confuse et distributive immobiliter et singillatim, quia non contingit descendere non variando aliud extremum; sicut non sequitur 'omnis homo videt se, igitur omnis homo videt Sortem', et tamen contingit descendere ad Sortem respectu Sortis, sic dicendo 'omnis homo videt se, igitur Sortes videt Sortem'. Ita non est hic 'homo est animal'. Similiter in ista 'homo videt se' li se supponit determinate singillatim, quia contingit sic descendere 'homo videt se, igitur Sortes videt Sortem' vel 'Plato videt Platonem', et sic de singulis. Similiter contingit ascendere: non sic 'homo videt Platonem, igitur homo videt se', sed sic 'Sortes videt Sortem, igitur homo videt se'.

Ex istis patet quod tale relativum, sequens signum universale mediate, habet suppositionem confusam et distributivam, singillatim tamen.

das Wort "sein" nicht für Sokrates, sondern für den Esel des Sokrates und nicht für einen anderen Esel.

Außerdem gilt, daß ein solches Relativpronomen immer dieselbe Supposition aufweist, d.h. für dieselben Dinge supponiert, für welche sein Antezedens supponiert. Steht allerdings das Antezedens in konfus-distributiver oder determinierter Supposition, so hat das Relativpronomen eine ähnliche — allerdings nur auf die singuläre Sache bezogene Supposition, indem es nämlich die einzelnen Dinge jeweils einzeln repräsentiert. So kann man zu den Supposita des Terminus nur mit bezug auf ein bestimmtes Suppositum des Antezedens kopulativ oder disjunktiv (bzw. auf eine andere Weise) absteigen. Daher steht z.B. das Wort "sich" innerhalb des Satzes "Jeder Mensch sieht sich" in immobiler, konfus-distributiver Supposition für jeden Menschen. Hierbei bezieht man sich jedoch immer nur auf einen einzelnen Menschen, da man nicht zu (allen) Supposita absteigen kann, ohne dabei gleichzeitig das andere Satzglied zu verändern. So folgt nicht: "Jeder Mensch sieht sich; also sieht jeder Mensch Sokrates". Jedoch kann man zu Sokrates (als Subjektsausdruck) mit Bezug auf Sokrates (als Prädikat) absteigen, etwa wenn man sagt: "Jeder Mensch sieht sich; also sieht Sokrates Sokrates". Dies trifft aber nicht auf Sätze zu wie "Der Mensch ist ein Lebewesen". Auf ähnliche Weise steht das Wort "sich" im Satz "Ein Mensch sieht sich" in determinierter — jedoch auf etwas Einzelnes bezogener — Supposition, da man folgendermaßen absteigen kann: "Ein Mensch sieht sich; also sieht Sokrates Sokrates, oder Platon sieht Platon" usw. Ebenso läßt sich auch zum allgemeinen Terminus aufsteigen; allerdings nicht auf folgende Weise: "Ein Mensch sieht Platon; also: ein Mensch sieht sich"; vielmehr gilt folgender Schluß: "Sokrates sieht Sokrates; also: ein Mensch sieht sich".

Aus diesen Überlegungen folgt, daß ein reziprokes Relativpronomen, das mittelbar auf ein Universalzeichen folgt, in konfus-distributiver — jedoch nur auf das Einzelne bezogener — Supposition steht.

Similiter relativum in aliqua categorica, sive sit relativum reciprocum sive non, habet suppositionem confusam et distributivam propter additionem signi universalis ad suum antecedens.

Eodem modo talis terminus habet suppositionem confusam tantum, quamvis in illa categorica nullum signum universale ponatur, / propter hoc quod in categorica praecedenti praecedit mediate signum universale suum antecedens; sicut patet hic 'omnis homo est animal et quilibet asinus videt illud'.

Circa relativum diversitatis sciendum est quod relativum diversitatis ideo dicitur quia non verificatur pro eodem pro quo suum antecedens; sicut patet hic: demonstratis duobus contradictoriis haec est vera 'alterum istorum est verum et reliquum est falsum'. Hic li reliquum verificatur pro illo pro quo non verificatur hoc antecedens 'alterum istorum est verum'.

Circa relativa accidentium, cuiusmodi sunt 'tantus', 'talis', 'tot' et huiusmodi, quae non ideo dicuntur relativa accidentium quia supponunt pro accidentibus, secundum opinionem Aristotelis, sed quia supponunt pro aliquo, connotando aliquod praedicabile non in quid.

Et est sciendum quod tale relativum non supponit nec verificatur pro illo pro quo suum antecedens sed pro alio, illi pro quo supponit suum antecedens simili vel aequali: sicut patet in ista 'Sortes est albus et talis est Plato'; li talis non supponit pro Sorte sed pro alio, simili Sorti. Similiter hic 'Sortes et Plato currunt et tot disputant'; li tot non necessario supponit pro Sorte et Platone, nec supponit necessario pro illis pro quibus supponit li currunt, sed potest

Ebenso weist Relativpronomen – sei es ein reziprokes oder nicht – in irgendeinem kategorischen Satz dann konfus-distributive Supposition auf, wenn seinem Antezedens ein Universalzeichen beigefügt wird.

Auf gleiche Weise steht ein solcher Terminus dann in allein-konfuser Supposition — auch wenn in dem (einbettenden) kategorischen Satz kein Universalzeichen vorkommt — wenn seinem Antezedens innerhalb des vorangehenden kategorischen Satzes ein Universalzeichen mittelbar vorausgeht. Dies ist in folgendem Beispiel der Fall: "Jeder Mensch ist ein Lebewesen, und ein beliebiger Esel sieht es".

Ein *Relativpronomen des Unterschiedes* wird deshalb so genannt, weil man es nicht für dieselbe Sache verifizieren kann wie sein Antezedens. Weist man z.B. auf zwei kontradiktorische Sachverhalte hin, so ist folgende Aussage wahr: "Der eine von ihnen ist wahr, und der andere ist falsch". In diesem Fall wird der Ausdruck "der andere" für dasjenige verifiziert, für welches sein Antezedens "der eine von ihnen ist wahr" nicht verifiziert wird.

Die *Relativpronomina des Akzidens* — z.B. "so groß", "so beschaffen", "so viele" usw. — werden nicht etwa deshalb so genannt, weil sie für Akzidenzien im Sinne der aristotelischen Auffassung supponieren, sondern weil sie für etwas supponieren, dergestalt, daß sie etwas mitbezeichnen, was nicht im Sinne einer Substanz ausgesagt werden kann.

Weder supponiert ein solches Relativpronomen für dasjenige noch wird es für etwas verifiziert, wofür sein Antezedens steht. Vielmehr supponiert es für etwas anderes, welches dem, wofür sein Antezedens supponiert, ähnlich ist oder gleicht. So supponiert z.B. das Wort "ebenso beschaffen" im Satz "Sokrates ist weiß, und ebenso beschaffen ist Platon" nicht für Sokrates, sondern für etwas anderes, was Sokrates ähnlich ist. Ebenso supponiert das Wort "ebenso viele" im Satz "Sokrates und Platon laufen, und ebenso viele disputieren" weder notwendigerweise für Sokrates und Platon noch notwendigerweise für diejenigen, für welche das Wort "laufen" supponiert. Vielmehr kann es auch für (zwei) andere Menschen supponieren. Ebenso verhält es sich mit

supponere pro aliis. Similiter est hic 'Sortes est bicubitus et tantus est Plato'.

Unde sciendum est quod aliquando potest tale relativum supponere pro eodem, sed hoc non oportet. Similiter sciendum est quod suum antecedens, frequenter vel semper, est aliquod nomen in genere quantitatis vel qualitatis vel in alio praedicamento accidentali.

[CAP. 77. De suppositione impropria]

Oportet autem cognoscere quod sicut est suppositio propria, quando scilicet terminus supponit pro eo quod significat proprie, ita est suppositio impropria, quando terminus accipitur improprie. /

Multiplex autem est suppositio impropria, scilicet antonomastica, quando terminus supponit praecise pro illo cui maxime convenit, sicut in talibus 'Apostolus dicit hoc', 'Philosophus negat hoc', et similibus. Alia est synecdochica, quando pars supponit pro toto. Alia est metonymica, quando continens supponit pro contento vel quando abstractum accidentis supponit pro subiecto, et sic de aliis.

Et ideo multum est considerandum quando terminus et propositio accipitur de virtute sermonis et quando secundum usum loquentium vel secundum intentionem auctorum, et hoc quia vix invenitur aliquod vocabulum quin in diversis locis librorum philosophorum et Sanctorum et auctorum aequivoce accipiatur; et hoc penes aliquem modum aequivocationis. Et ideo volentes accipere semper vocabulum univoce et uno modo frequenter errant circa intentiones auctorum et inquisitionem veritatis, cum fere omnia vocabula aequivoce accipiantur.

dem Satz "Sokrates ist zwei Ellen lang, und ebenso groß ist Platon".

Ein Relativpronomen des Akzidens kann daher manchmal für dasselbe supponieren wie sein Antezedens; dies muß aber nicht der Fall sein. Fast immer handelt es sich bei seinem Antezedens um irgendein Nomen in der Kategorie der Qualität, der Quantität oder einer anderen akzidentellen Kategorie.

KAP. 77. Zur uneigentlichen Supposition

Ferner muß man wissen: Liegt Supposition im eigentlichen Sinne dann vor, wenn ein Terminus für dasjenige supponiert, was er im eigentlichen Sinne bezeichnet, so handelt es sich dann um eine *uneigentliche Supposition*, wenn ein Terminus im übertragenen Sinne aufgefaßt wird.[118]

Es gibt aber vielfache Formen der uneigentlichen Supposition. Die *antonomastische* Supposition liegt vor, wenn ein Terminus genau für jenes supponiert, welchem er am ehesten zukommt; z.B. in Sätzen wie: "Der Apostel (d.h. Paulus) sagt das"; "Der Philosoph (d.h. Aristoteles) verneint das" usw. Die *synecdochische* Supposition liegt vor, wenn ein Teil für das Ganze supponiert. Die *metonymische* Supposition liegt vor, wenn das Enthaltende für den Inhalt oder die abstrakte Form eines Akzidens für ein Subjekt (Substanz) supponiert usw.[119]

Es ist daher besonders darauf zu achten, wann ein Terminus oder ein Satz seinem Wortlaut nach und wann er dem Sprachgebrauch bzw. der Autorintention nach zu verstehen ist. Der Grund liegt darin, daß man kaum ein Wort findet, welches nicht in verschiedenen Schriften der Philosophen, Heiligen oder anderer Autoritäten äquivok gebraucht wird — und zwar gemäß einem bestimmten Modus der Äquivokation. Diejenigen, die ein Wort immer univok, d.h. auf eine bestimmte Weise, verstanden wissen wollen, irren sich daher häufig in bezug auf die Intention des Autors und bei der Suche nach Wahrheit; denn fast alle Wörter werden äquivok verwendet.[120]

Ex praedictis potest patere de istis 'esse intelligibile creaturae fuit ab aeterno', 'esse album convenit Sorti', et de huiusmodi multis, quomodo termini in istis supponunt. Quia aut supponunt pro re aut pro voce aut pro aggregato aut pro intentione animae: et quodcumque istorum detur, faciliter potest iudicari de eis an sint verae vel falsae quando termini sumuntur in propria significatione. Nam si in ista 'esse intelligibile creaturae fuit ab aeterno' subiectum supponit pro re: vel pro re creata vel pro increata. Si pro re creata, manifestum est quod est falsa; si pro re increata, manifestum est quod est vera; si supponat pro aliquo aggregato ex utraque re, manifestum est quod est falsa; si supponat pro intentione animae vel pro voce vel pro aliquo alio, neganda est.

Si autem tales propositiones non accipiantur de virtute sermonis, tunc accipiendae sunt illae loco quarum ponuntur, et secundum quod / illae sunt verae vel falsae secundum hoc iudicandum est de eis. Unde quia per istam 'esse intelligibile creaturae fuit ab aeterno' intelligitur ista 'Deus ab aeterno intellexit creaturam', et ista secunda est vera, ideo prima, per quam intelligitur ista secunda, potest concedi.

Et ista iam dicta de terminis et suppositionibus sufficiant. — Et in hoc completur prima pars huius Summae. /

Nach diesen Überlegungen läßt sich nun zeigen, auf welche Weise die Termini in folgenden und vielen gleichartigen Sätzen supponieren: "Das Intelligibel-Sein der Schöpfung hat seit Ewigkeit exisiert"; "Weiß-sein kommt dem Sokrates zu". Entweder supponieren die Termini hier für eine Sache, für ein gesprochenes Wort, für etwas Zusammengesetztes oder für eine Intention der Seele. Welche dieser Möglichkeiten auch vorliegt, es kann doch leicht beurteilt werden, ob die genannten Sätze falsch oder wahr sind, wenn man die Termini ihrer eigentlichen Bezeichnung nach versteht. Supponiert nämlich das Subjekt des Satzes "Das Intelligibel-Sein der Schöpfung hat von Ewigkeit an existiert" für eine Sache, so entweder für etwas Geschaffenes oder für etwas Nichtgeschaffenes. Im Falle einer geschaffenen Sache ist der Satz eindeutig falsch; im Falle einer nichtgeschaffenen Sache ist er eindeutig wahr. Supponiert der Terminus für etwas aus beiden Zusammengesetztes, so ist der Satz falsch; supponiert er für eine Intention der Seele, ein gesprochenes Wort oder noch etwas anderes, so läßt sich der Satz ebenfalls nur verneinen. Versteht man solche Sätze jedoch nicht ihrem wörtlichen Sinne nach, so sind diejenigen Sätze heranzuziehen, an deren Stelle sie verwendet werden. Je nachdem, ob diese Sätze wahr oder falsch sind, muß man dann auch die Ursprungssätze beurteilen. So meint der Autor mit dem Satz "Das Intelligibel-Sein der Schöpfung hat von Ewigkeit an existiert" eigentlich folgende Aussage: "Gott hat von Ewigkeit an die Schöpfung erkannt". Der zweite Satz ist wahr. Es ist daher auch dem ersten Satz zuzustimmen, durch welchen die Aussage des zweiten Satzes intendiert wird.

Diese Anmerkungen zu den Termini und ihren Suppositionen mögen genügen. Und hiermit wird der erste Teil dieser logischen Summe abgeschlossen.

ANMERKUNGEN DES HERAUSGEBERS

1.   Zur Analyse des Satzes als Element des wissenschaftlichen Beweises vgl. Aristoteles, *Anal. Priora* I, 1, 24b16–18; *De interpr.*, 16 a 1ff. In ihrer auf Aristoteles und Boethius fußenden Konzeption der Sprachlogik als einer Propädeutik des logischen Schließens gehen Ockham und die mittelalterlichen Autoren vor ihm davon aus, daß die Prüfung der Wahrheit eines wissenschaftlichen Beweises ein präzises Wissen darüber voraussetzt, wovon bei sprachlichen Äußerungen jeweils die Rede ist. Es geht ihnen darum, Sätze und Aussagen, die intuitiv als richtig erscheinen, auch als logisch wahr zu erweisen. Diese Aufgabenstellung mündet ein in eine grundlegende Analyse des Terminus als Teil des Satzes, mit welchem als Element eines begrenzten Sprachzeichensystems sowohl eindeutig als auch "ökonomisch" operiert werden soll. Ich übersetze *propositio* mit "Satz" (im allgemeinsten logischen Verständnis und zur Unterscheidung gegenüber dem Gehalt einer Aussage), zumal Ockham von diesem Begriff in dreierlei Hinsicht Gebrauch macht: 1) als Kennzeichnung eines komplexen Zeichens, das selbst aus Zeichen, z.B. Nomina /Verben, besteht; 2) im Sinne von Aussage, die Falsches oder Wahres anzeigt, 3) als Prämisse in Schlußfolgerungen.

   Dem Einleitungssatz folgend unterscheidet Ockham drei Gebiete der Logik, denen gemäß er auch seine "Summe der ganzen Logik" unterteilt: 1) Analyse der Termini (Teil I), 2) Analyse des Satzes (Teil II) und 3) Analyse des Schlußverfahrens (Teil III). Daß es dabei zentrale Absicht des Logikers ist, auf die Möglichkeit logischer Fehlschlüsse aufmerksam zu machen und sie vermeiden zu helfen, belegt der in den dritten Teil der Summe integrierte Traktat *De fallaciis* (III - 4). Da der Terminus nach Ockham und anderen Autoren des 14. Jahrhunderts nur als konstituierender Bestandteil eines Satzes (*pars propinqua propositionis*) — m.a.W. als Subjekt bzw. Prädikat — verstanden wird, kann ihm eine bedeutungtragende Funktion für sich allein nicht zukommen. Mit dieser Definition begründet Ockham — wie vor ihm schon Burleigh (vgl. *Einführung*) — das ausschließlich kontextgebundene Verständnis des Terminus.

2.   Zur Theorie der Sprachebenen vgl. Boethius, *In libr. De interpr.*, ed. 2a, 1. In: PL 64, 407B. In Anlehnung an die aristotelische Hermeneutik geht Ockham von verschiedenen Sprachebenen aus, deren Gegenüberstellung auf der Differenzierung zwischen mentaler und materialer (gesprochener/geschriebener) Sprache beruht und auf die jeweils mehr oder weniger vermit-

telte Zeichenfunktion des Terminus als Teil eines Satzes übertragen wird. Dabei leistet die Mentalsprache eine vollständige – weil unzweideutige – Beschreibung all dessen, was man als wahr oder falsch über die Welt aussagen kann. Sie gleicht in gewissem Sinne einer logischen "Idealsprache", die nach Ockham das Werkzeug zur adäquaten und vollständigen Beschreibung der Welt liefert. Damit gilt die allein aus "Vorstellungen der Seele" (Intentionen) gebildete Mentalsprache als eigentliches Medium des wissenschaftlichen Satzes. Gleichwohl beschäftigt sich die Logik auch mit der Analyse der Laut- und Schriftsprache, um deutlich zu machen, was deren Aussagen eigentlich bedeuten; dies geschieht nach Ockham dadurch, daß Konfliktfälle der konkreten, d.h. der lateinischen Sprache durch Rekonstruktion der "ideal" konstruierten mentalen Sprache abgebaut werden. Zur Unterscheidung gegenüber dem "Satz" (*propositio*, s. oben Anm. 1) übersetze ich den die Satzkonstruktion als komplexes Sprachgebilde – und nicht nur als rhetorisches Element – meinenden Begriff *oratio* einheitlich mit "Satzbildung" (i.S. einer inhaltlich zusammenhängenden Wortfolge).

3. Obwohl Ockham den Begriff "Supposition" – als kontextueller Bezugnahme des Terminus auf etwas – erst an späterer Stelle einführt (vgl. unten Anm. 31), belegt diese Stelle, daß für den Logiker, der sich der Analyse der Wahrheitsbedingungen von Sätzen zuwendet, die signifikative Verwendung des Terminus allein im Rahmen seines propositionalen Gebrauches von Belang ist. Damit überwindet Ockham – wie überhaupt die Sprachlogik des 14. Jahrhunderts – die Vorstellung einer kontextfreien Anwendbarkeit des Terminus, wie sie etwa als sog. virtuelle oder "natürliche" Verwendung eines Terminus noch von den Logikern des 13. Jahrhunderts gedacht wurde (*suppositio naturalis*). Zugleich wird damit aber auch die Annahme einer besonderen Bezeichnungsfunktion (*significatio*) des Terminus unabhängig von seiner kontextuellen Einbettung entbehrlich, so z.B. bei William of Sherwood. *Introductiones in Logicam*. Textkritisch herausgegeben, übersetzt, eingeleitet und mit Anmerkungen versehen von Hartmut Brands und Christoph Kann. Lateinisch-Deutsch, Philos. Bibl. Bd. 469, Hamburg, Meiner, 1995, 5 f., 133. Ockham reduziert dagegen "Signifikation" eines Terminus auf seine Verwendung für konkrete Einzeldinge innerhalb eines Satzes; d.h. Signifikation gilt nicht länger allein als Relation zwischen Terminus und dem von ihm Bezeichneten (Zeicheninhalt/ Intension), sondern sie ist – wie das Beispiel der "personalen Supposition" zeigt (vgl. oben S. 25, 29) – eine Funktion der kontextuellen Verwendung des Terminus (Supposition).

4. Vgl. Augustinus, *De Trin.*, XV, 10 n. 19, 12 n. 22, 27 n. 50. In: PL 42, 1071; 1075; 1097.

5. Nach Ockham sind material- und mentalsprachlicher Terminus
    insofern einander "adäquat", als beide auf ein- und dieselbe zu-
    grundeliegende "Sache" (*aliquid idem*) verweisen, wenn auch
    auf je verschiedene Weise. So leistet z.B. das gesprochene Wort
    (*vox*) eine nur mittelbare Repräsentation der auf der Ebene des
    Intellektes selbst unmittelbar, d.h. "von Natur aus", bezeichne-
    ten Sache, ohne aber diesen mentalen Begriff (*conceptus*) selbst
    zu bezeichnen. Bezieht man die noch vermitteltere Bezug-
    nahme des schriftsprachlichen Terminus (*scriptum*) mit ein, so
    ergibt sich folgende Zuordnung:

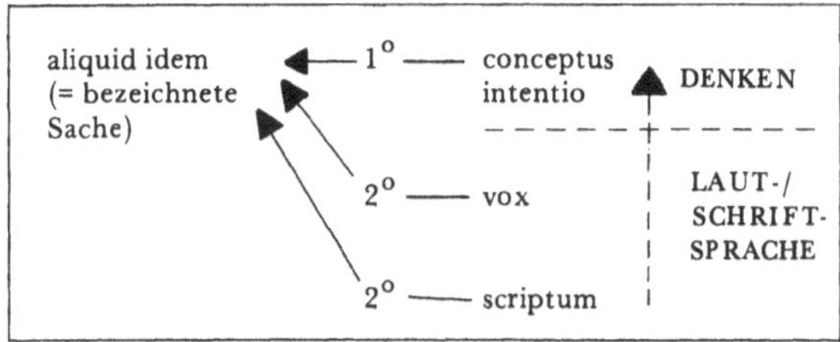

Der Ausdruck "Begriff" bzw. "Intention der Seele" steht dabei
für "etwas in der Seele" (*quiddam in anima*), welches als mentales Zeichen für etwas von ihm selbst Verschiedenes, d.h. die
real existierende Sache, verwendet wird. Bleibt auch ungeklärt,
worin der Seinsmodus dieser Intentionen als psychischer Phä-
nomene letztlich gründet, so geht Ockham doch von der Möglichkeit einer "intuitiven Kenntnis" dessen aus, worauf sich ein
mentaler Ausdruck "von Natur aus" bezieht. So bringt die "intuitive Erkenntnis" zugleich Individual- und Allgemeinbegriff
eines Gegenstandes hervor (vgl. W. of Ockham, *Quaest. Phys.*,
VII; ed. Corvino). Ockham, der diesen Vorgang für evident
und nicht weiter erklärbar hält, bleibt gleichwohl eine Antwort
darauf schuldig, wie Allgemeinbegriffe "natürlicherweise" ent-
stehen können, wenn ihnen — so der Standpunkt des "Univer-
saliennominalismus" — außerhalb des Intellektes kein irgendwie
geartetes "Allgemeines" korrespondiert.

6. Vgl. Aristoteles, *De interpr.*, I, 16 a 3–4. Analog der Unterschei-
    dung von primärer und sekundärer Bezugnahme sprachlicher
    Ausdrücke auf den verschiedenen Sprachebenen schreibt Ock-
    ham den Intentionen als psychischer Realitäten eine natürliche,
    d.h. aber auch invariante, Zeichenfunktion zu. So kann zwar
    der gesprochene oder geschriebene Terminus seine Bedeutung
    z.B. durch wechselnde Sprecherabsichten ändern (vgl. Anm. 9),
    während der mentale Ausdruck jeder Sprachkonvention gegen-
    über neutral ist. Geht die sprachliche Vielfalt allein auf unter-

schiedliche Vereinbarungen auf dem Gebiet von Laut- und
Schriftsprache zurück, stellt die mentale Sprache eine Art Univer-
salsprache des menschlichen Intellektes dar, die mit logischen
bzw. erkenntnispsychologischen Mitteln zu analysieren ist.

7.   Vgl. Boethius, *In libr. De Interpr.*, ed. 2a, I. In: PL 64, 407 C.

8.   Vgl. W. of Ockham, *Summa logicae.* Hg. v. Ph. Boehner, G.
     Gál, St. F. Brown. In: Guillelmi de Ockham, Opera Philo-
     sophica et Theologica ad fidem codicum manuscriptorum edita,
     cura Instituti Franciscani Universitatis S. Bonaventurae. Opera
     Philosophica I, St. Bonaventure, 1974, Kap. 12. Im folgenden
     abgekürzt als *Sum. log. I – III.* Gemäß seiner kontextuellen
     Definition des "natürlichen Zeichens" als Element eines
     mentalen Satzes unterscheidet Ockham zwischen zwei Arten
     von Intentionen, auf die sich Termini der Laut- bzw. Schrift-
     sprache ihrerseits beziehen können:

Intention der Seele	{	"Erste Intention": natürliches Zeichen einer Sache, die selbst nicht ein solches Zeichen ist; z.B. "Mensch", "Lebewesen" usw.
		"Zweite Intention": natürliches Zeichen einer "Ersten Intention"; z.B. "Genus", "Spezies" usw.

     Erste Intentionen haben somit einen "objektsprachlichen",
     Zweite Intentionen einen "metasprachlichen" Bezug. Im stren-
     gen Sinne versteht Ockham unter einer Ersten Intention einen
     mentalen Ausdruck, der von Natur aus für dasjenige verwendet
     wird (supponiert), was er bezeichnet. Bei dem im Text ange-
     sprochenen mentalen Ausdruck muß es sich dagegen um eine
     "Zweite Intention" handeln.

9.   Vgl. hierzu W. of Ockham, *Sum. log. I*, Kap. 11. Üben die men-
     talen Termini als Elemente der im Intellekt aufgehobenen Uni-
     versalsprache stets eindeutige Verweisungen aus, so stellt ihnen
     Ockham nunmehr jene Termini gegenüber, deren Bezeich-

Nomen	{	Erster Imposition: konventionelles Zeichen für Erste und Zweite Intentionen; allgemein: alle Namen, die nicht solche der Zweiten Imposition sind; streng genommen: nur kategorematische Ausdrücke
		Zweiter Imposition: konventionelles Zeichen für all das, was keine Intention der Seele ist; d.h. Namen für Namen *(nomina nominum)*

nungsfunktion wechseln kann. Es handelt sich hierbei um die laut- und schriftsprachlich geäußerten Ausdrücke, bei denen ein konventioneller Akt der Bedeutungsbeilegung, die sog. "Imposition", durch die Sprecher/Hörer vorausgesetzt werden muß. Dabei gelten Nomina der "Zweiten Imposition" als Zeichen anderer konventioneller Zeichen, während jene der "Ersten Imposition" als konventionelle Sprachzeichen der mentalen Termini, d.h. der Intentionen der Seele, gelten, wie vorangehendes Schema verdeutlicht.

Mit der Unterscheidung von natürlichen und konventionellen, d.h. einer Imposition unterliegenden, Sprachzeichen thematisiert Ockham das Problem sprachlicher Mehrdeutigkeit (Äquivokation). Gegenüber der mentalen "Idealsprache" finden sich semantische Mehrdeutigkeiten allein auf der Ebene konventionellen Sprechens, wobei diese auf Sprachvereinbarungen gründende Verständigungsebene logischen Fehlschlüssen Raum geben kann. Vgl. W. of Ockham, *Sum. log. I*, Kap. 13: In Anlehnung an Aristoteles, *Cat.*, I, 1a 1 — 15 behandelt Ockham das Problem von Äquivozität und Univozität konventionell vereinbarter Termini im Unterschied zur Bedeutungsinvarianz von Intention und mentalem Begriff. Eine ausführliche Analyse der durch Äquivokationen verursachten Fehlschlüsse findet sich zudem in *Sum. log. III · 4:* De fallaciis, Kap. 2 — 4.

10. Die Herausgeber der kritischen Ausgabe verweisen auf W. of Ockham, *Scriptum in Librum Primum Sententiarum*, d.3, q. 9.. Hg. G. Gál, St. F. Brown. In: Ders., l.c., Opera Theologica II, St. Bonaventure, 1970, 544 ff. (im folgenden abgekürzt als *In Sent. I*) sowie Augustinus, *De Doctr. Christ.*, II, Kap. 1 n. 1. In: PL 34,35, vgl. *Sum.log.* I, 1, 9 Anm. 7.; siehe ferner Ders., Quodlibeta IV, 3: *repraesentatio est esse illud quo aliquid cognoscitur* (Repräsentation besteht darin, daß etwas ist, wodurch etwas erkannt wird.) In: W. of Ockham, *Quodlibeta Septem.* Hg. J.C. Wey, in: Ders., l.c., Opera theologica IX, St. Bonaventure, 1980, 310.

Ockham begrenzt im folgenden das Phänomen "natürlicher" Zeichenfunktion ausdrücklich auf die Ebene der Mentalsprache, scheidet also den weitgefaßten nichtkontextuellen Zeichenbegriff aus seinen Überlegungen aus.

11. Gemeint sind die sog. synkategorematischen Ausdrücke, vgl. oben S. 21 ff. und Anm. 24. Ockham nimmt an dieser Stelle die ausschließlich kontextuelle Definition des Terminus wieder auf und wendet sich gegen jede Möglichkeit einer außerpropositionalen Bezeichnungsfunktion. Vgl. oben Anm. 3.

12. Die Zuordnung von Terminus und signifikativem Sprachgebrauch innerhalb der mittelalterlichen Sprachlogik geht ebenfalls auf Aristoteles zurück: Aristoteles, *De interpr.*, 2, 16 a 19 ff. Als Terminus im eigentlichen Sinne gilt jeder signifikativ verwendete kategorematische Ausdruck, der als vollständiges Satz-

glied fungiert — eine Definition, die sich bereits bei Walter Burleigh findet; vgl. Walter Burley's Treatise *De suppositionibus* and
its influence on William of Ockham. Hg. v. St. F. Brown. In:
Franciscan Studies 32 (1972) 31— 64. Im folgenden abgekürzt
als *De supp*. Im Gegensatz zur Sprachlogik des 13. Jahrhunderts,
die von einer semantischen Unterscheidung zwischen Subjekts-
und Prädikatsausdruck ausging, findet sich bei Ockham eine
"positionsneutrale", d.h. wortartenunabhängige, Bestimmung
der Verweisungsfunktion des Terminus im Satz. Damit können
auch die Prädikatstermini einer suppositionstheoretischen Analyse unterzogen werden. Betraf z.B. die Theorie der "Kopulation" (*copulatio*), d.h. der Verbindung von Subjekt und Prädikat
eines Satzes, im 13. Jahrhundert noch die signifikative Funktion
des Prädikates, so hält Ockham nicht länger an dieser Kategorie fest, da mit seiner Definition des Terminus die Distinktion
zwischen Subjekt und Prädikat eines Satzes für die logische
Analyse nicht länger von Bedeutung ist.

13. Ockham greift hier erneut Unterscheidungsmerkmale der sog.
Suppositionstheorie auf, wonach ein nicht-signifikativer Terminus entweder für sich selbst als Wortgebilde (vgl. materiale
Supposition, unten Anm. 43) oder aber für eine Intention der
Seele (vgl. einfache Supposition, unten Anm. 40) stehen kann.
Im Unterschied hierzu erfüllt sich die signifikative Verwendung
eines Terminus allein als Bezugnahme auf eine singuläre Sache
außerhalb des Intellektes (personale Supposition). Vgl. auch
den "Stammbaum" der Suppositionsarten, unten Anm. 36.

14. Vgl. Aristoteles, *Anal. Priora I*, 1, 24 a 16—18. Ergänzend sei erwähnt, daß nach Ockham nur vollständige Satzglieder als Termini fungieren können, nicht jedoch Teile eines Subjekts- oder
Prädikatsausdruckes. Vgl. unten Anm. 70.

15. Sofern sich die lateinische Konstruktion eines Beispielsatzes nur
so ins Deutsche übertragen ließe, daß dabei der Sinn des Para-
digma verloren ginge, verzichte ich auf eine wörtliche Übersetzung. Stattdessen wird in nachgestellten Klammern der inten-
dierte Gehalt des Beispielsatzes wiedergegeben.

16. Diese Begrenzung der logischen Fragestellung findet sich schon
in Traktaten des 12. Jahrhunderts. So heißt es z.B. in der *Logica
ut dicit:* "Der Logiker analysiert den Satz und den Syllogismus,
jedoch nicht weiter als bis zum Terminus"; vgl. De Rijk, L.M.:
Logica Modernorum. A Contribution to the History of Early
Terminist Logic. II, 2: Text and Indices. Assen, 1967, 380. Die
Ablösung logischer von ursprünglich grammatikalischen Fragestellungen erfolgt im Zuge einer "Logisierung der Grammatik"
sowie des Entwurfs einer philosophischen Grammatik seit dem
12. Jahrhundert. Kontrolle der grammatischen Regelgerechtheit
und logische Analyse der Wahrheitsbedingungen des Satzes
(*quoad logicum*) stehen sich nun insofern gegenüber, als mit der

Ausgrenzung grammatischer Regelfragen die Komplexität der logischen Analyse, z.B. innerhalb der Syllogistik, auf die Frage nach der Satzwahrheit reduziert wird.

17. Die von Ockham vorgelegte Einteilung derjenigen Ausdrücke, auf welche die Definition des Terminus zutrifft, folgt der traditionellen Systematik aller bedeutungtragenden "Teile von Sprachwendungen" (*partes orationis*), die auf den verschiedenen Sprachebenen eingebettet erscheinen. Zu deren Funktion im einzelnen vgl. Priscianus, *Inst. gramm.* II,4 (ed. Krehl, Lipsiae 1819, 66 – 70). Ockhams Analyse geht aus von einer unmittelbaren Korrespondenz zwischen konventionell vereinbarten, materialsprachlichen Termini und "natürlichen" mentalen Ausdrücken. Dabei untersucht er zunächst, ob die "Ökonomie" der konventionellen Sprache (begrenztes Zeicheninventar) derjenigen der mentalen "Idealsprache" entspricht oder erst durch eine Reduktion der "Oberflächenstruktur" (grammatische Kennzeichen usw.) herbeigeführt werden muß.

18. Ockhams Interesse gilt hier in erster Linie den in ihrer Bedeutung varianten Termini der Schrift- und Lautsprache, deren Verwendung ein konventioneller Akt der Bedeutungsbeilegung zugrundeliegt (Imposition). Nur bei diesen Ausdrücken findet sich das Phänomen sprachlicher Mehrdeutigkeit, während die mentale Sprache mit ihren Intentionen ein stets eindeutiges Zeicheninventar bereitstellt. Zum Zusammenhang zwischen sprachlicher Ökonomie (Begrenztheit des Zeicheninventars) und der damit verbundenen Inkaufnahme von Mehrdeutigkeiten vgl. Aristoteles, *De soph. el.*, 165 a 5ff.; *Cat.*, 1 a 7 ff. Ockhams Analyse zielt ab auf die Aufdeckung der logischen Irrelevanz sprachlicher Synonymien für die Analyse von Sätzen der lateinischen Sprache. So soll der Logiker die sprachliche Vielfalt als grammatisches Phänomen (Oberflächenstruktur) von der semantisch notwendigen Vielfalt sprachlicher Zeichen unterscheiden lernen. Mit der Rückführung der Satzkonstruktionen auf die für die Analyse der Satzwahrheit allein notwendigen Elemente versucht Ockham damit eine Reduktion sprachlicher Komplexität.

19. Vgl. hierzu Michael de Marbasio, *Summa modorum significandi.* In: Cod. Paris., Nat. lat., 15136, f.22ʳ. Zit. n. W. of Ockham, *Sum. log. I,* 12, Anm. 2. "Figur" ist ein Standardterminus der mittelalterlichen Grammatiktheorie; so unterscheidet Priscian zwischen einer "einfachen" (z.B. "*magnus*"), einer "zusammengesetzten" (z.B. "*magnanimus*") und einer "abgeleiteten" (z.B. "*magnanimitas*") Wortfigur. Vgl. Priscian, *Prisciani grammatici Caesariensis Institutionum grammaticarum libri XVIII*, Martin Hertz., ed., ("Grammatici Latini" vols. 2-3; Leipzig: Teubner, 1855-1859; Reprint, Hildesheim: Georg Olms, 1961), in V.11.56-12.67 (= vol. 1, pp. 177.9-183.18) sowie VIII.XV.81-16.92 (= vol. 1, pp. 434.20-442.16). Diesen Hinweis verdanke ich P.V. Spade.

20.   Es geht hierbei um die Unterscheidung von Eigennamen und
      appellativem Ausdruck, d.h. einem die allgemeine Natur einer
      Sache/Person mitbezeichnenden Begriff.
21.   Vgl. Boethius, *In libr. De interpr.*, ed. 2 a, I. In: PL 64, 405 – 414.
22.   Vgl. Aristoteles, *De interpr.*, II, 16 a 19–21; 16 b 6–7.
23.   Vgl. Boethius, *Intr. ad syll. categ.* In: PL 64, 764 D: *nomen enim
      omne certum aliquid definitumque significat, ut homo, equus, canis
      etc.* (Jedes Nomen bezeichnet nämlich irgendetwas ganz exakt
      Definiertes, z.B. Mensch, Pferd, Hund usw.).
24.   Als sog. "logische Funktoren" spielen die Synkategoremata
      eine entscheidende Rolle für die Analyse der Satzwahrheit (vgl.
      Aristoteles, *De interpr.* VII, 17b). Schon Priscianus, der den Be-
      griff der *partes syncategoremata* bzw. *consignificantia* in seine
      Grammatiktheorie aufnimmt, hebt die distributive Funktion (*vis
      confundendi*) dieser Ausdrücke hervor, die die kategoremati-
      schen, d.h. selbst bedeutungstragenden, Termini des Satzes be-
      trifft (*Inst. gramm.* II, 15, 54). Darauf aufbauend macht die mit-
      telalterliche Sprachlogik eine explizite Unterscheidung zwischen
      "materialen" und "formalen" Elementen eines Satzes, um so
      vor allem die extensionale (d.h. den Begriffsumfang betref-
      fende) Bezugnahme allgemeiner Termini transparent machen
      zu können (vgl. hierzu die Darlegungen Ockhams zur sog. "all-
      gemeinen Supposition", oben S. 63 ff.). Hinter der formalen
      Analyse der Quantifikation und Distribution durch logische
      Satzkonstanten, die in partikulären, universal-affirmativen und
      -negativen Aussagen Verwendung finden, steht das Bemühen
      um eine Präzisierung des Sprachgebrauches, durch die logische
      Fehlschlüsse weitgehend ausgeschaltet werden sollen. Das
      Zentrum der Suppositionstheorie bilden daher synkategoremati-
      sche Regelsysteme, durch die der kontextuelle Gebrauch eines
      allgemeinen Terminus formal festgelegt wird; vgl. Anm. 105 ff.
25.   Ockham zeigt dies am Beispiel der sog. "allgemeinen Supposi-
      tion", vor allem der "konfus-distributiven Supposition". Vgl.
      oben S. 65 f.
26.   Vgl. hierzu die Analyse der universal-affirmativen und univer-
      sal-negativen Sätze bei W. of Ockham, *Sum. log. II*, Kap: 4.
      Ockham denkt an dieser Stelle an die konsignifikative Leistung
      des synkategorematischen Ausdruckes, durch welchen festge-
      legt wird, wofür ein Subjekts- oder Prädikatsterminus im Satz-
      kontext steht, z.B. in Sätzen wie "Jeder Mensch läuft"; "Einige
      Elefanten schlafen"; "Keine Autos fahren", "Dieser Grammati-
      ker irrt sich." Diesem Verständnis nach gelten Synkategoremata
      als logisch essentielle Elemente des Satzes.
27.   Vgl. Boethius, *In libr. De interpr.*, ed. 2a, IV. In: PL 64, 552 f.
28.   In den vorausgehenden Kapiteln war bereits verschiedentlich
      von "Signifikation" (Bezeichnungsfunktion) des Terminus die
      Rede, allerdings nur insoweit dies die Analyse der Sprachebe-

nen sowie der für die Satzwahrheit relevanten kategorematischen Termini betraf. Zur eigentlichen Theorie der Signifikation ist — soweit dies den "nominalistischen" Standpunkt Ockhams betrifft — an dieser Stelle zu erwähnen, daß Ockham die signifikative Verwendung sprachlicher Ausdrücke auf die Bezeichnung real existierender Einzeldinge der Außenwelt einschränkt, wobei er folgende ontologische Wertung des Weltzusammenhanges zugrundelegt: "Es gibt auf Seiten der Dinge nichts, was nicht schlechthin singulär ist." (*Sum. log. I*, 204; Vgl. hierzu auch Kap. 14 und 15 ff. der *Summa logicae*, in denen Ockham seine Auffassung des Universalbegriffs niederlegt.) So bezeichnet der Ausdruck "Mensch" nichts anderes, als jeweils einzelne Menschen. Dem nur mittelbar für etwas Einzelnes stehenden Allgemeinbegriff "Mensch" korrespondiert dagegen keine als "allgemeine Natur" zu denkende selbständige Substanz. Er bezieht sich vielmehr nur auf eine "psychische Realität" im Intellekt (d.h. eine Intention), die ihrerseits das Einzelding "signifikativ" repräsentiert. Wie die Analyse der sog. personalen Supposition zeigt (vgl. oben S. 29, 57 ff.), wird somit die Signifikation eines Terminus nach Ockham rein extensional gedeutet, d.h. nicht die gemeinsame "Eigenschaft" einer Klasse von Dingen, sondern allein die "Elemente" dieser Klasse bilden das eigentlich "Bezeichnete" eines Terminus. Außerdem geht Ockham — wie die Darlegungen des 33. Kapitels der *Summa* zeigen — davon aus, daß sich die signifikative Funktion eines Terminus immer nur im Kontext eines Satzes erfüllt, d.h. es gibt keine Signifikation ohne Bezug zur Supposition des Terminus, vgl. Anm. 29 u. 30, sowie oben Anm. 3.

29. Ockham spricht von Supposition als einer besonderen "Eigenschaft des Terminus" (*proprietas termini*). Da der sprachliche Ausdruck als Träger bestimmter Eigenschaften das konstituierende Element jedes logischen Schlußverfahrens bildet, hat das Mittelalter eine eigene Theorie der Eigenschaftsanalyse syllogistischer Elemente entwickelt, die der eigentlichen Prüfung der Wahrheitsbedingungen von Sätzen vorgeordnet wird. Dabei läßt sich die Integration der traditionellen aristotelischen Logik in die frühen Traktate des 11. und 12. Jahrhunderts wie auf der folgenden Seite gezeigt darstellen:

INTRODUCTIO	nomen, verbum, oratio, propositio	Aristoteles: *De interpr.;* Boethius: *De syll.cat.;* *De top.diff.*I; *De syll. hypo.*I; *In de interpr.*
DE PRAEDICA-BILIBUS	genus, species, differentia, pro-prius, accidens	Porphyrius: *Isag.;* Boethius: *In Isag.*
DE PRAEDICA-MENTIS	decem categoriae, octo modi essendi	Aristoteles: *Cat.;* *Phys.IV;* Boethius: *In Cat.;* *Liber sex princip.*
DE SYLLOGISMIS		Aristoteles: *Anal. priora;* Boethius: *De syll.cat.*II; (Beide Quellen vermit-telt über die *Dialectica Monacensis)*
DE LOCIS		Boethius: *De top. diff.* I + II
DE PROPRIETATIBUS TERMINORUM		Summulae logico-rum antiquorum et modernorum
De significatione De suppositione De appellatione De restrictione De ampliatione De distributione De suppositione relativorum (De syncategorematibus) (De consequentiis)		
DE FALLACIIS		Aristoteles: *De soph. elench.*

Die Übersicht zeigt auch, daß es sich bei der Lehre von den *proprietates terminorum* um den ersten eigenständigen Beitrag der mittelalterlichen Logik handelt.

Im Zuge seiner "positionsneutralen" Auslegung des Terminus (vgl. oben Anm. 12) reduziert Ockham die Analyse der Eigen-schaft eines Terminus auf die der Supposition. Wortarten- und satzstellungsbezogene Kennzeichnungen verlieren — wie auch das Beispiel der sog. "Appellation" zeigt (vgl. Anm. 30 u. 31) — ihre Bedeutung.

30. Die logische Austauschbarkeit von Subjekt und Prädikat eines
Satzes führt zur Reduktion der Termeigenschaften auf den der
sog. "Appellation" (bzw. der Kopulation, vgl. Anm. 12) übergeordneten Begriff der Supposition. Dabei geht die Suppositionslehre aus älteren Theorien zur sog. *appellatio termini* hervor,
die vor allem die aktuelle (präsentische) Aussagbarkeit eines
Terminus betrafen. Bei dieser Theorie der Bedeutung eines ap-
pellativen Nomens im Satzkontext handelte es sich in gewissem
Sinne um eine Vorstufe der späteren Suppositionslehre. Mit der
zunehmend kontextuellen Definition des Terminus wäre ein
weiteres Festhalten an der Kategorie der Appellation nur dann
sinnvoll, wenn Subjekt und Prädikat eine für die Satzwahrheit je
unterschiedliche Funktion zugewiesen würde. Diese Voraussetzung haben jedoch Ockham — sowie in Ansätzen schon die
Traktate des 12. Jahrhunderts — aufgrund der allein kontextuellen Definition von Subjekt und Prädikat aufgegeben.

31. Der Begriff "Supposition" impliziert eine Vielzahl von Bedeutungen und gilt daher zu Recht als "unübersetzbar", so daß ich
im Rahmen dieser Übersetzung das lateinische Fremdwort bei-
behalte. Schon in der Tradition des 12./13. Jahrhunderts findet
sich aber eine Vielzahl von Umschreibungen dieser Termeigen-
schaft, wie *designare, stare pro* (stehen für), *accipi pro* (verwendet
werden für), *praesentare, positio pro* (Setzung für etwas), die weit-
gehend äquivalent gebraucht werden. Es sei an dieser Stelle
aber auch auf die wichtigsten modernen Deutungen des Suppo-
sitionsbegriffes hingewiesen. So versteht man unter Supposition
im allgemeinsten Sinne die kontextuelle Verwendung eines
Terminus "für etwas" — im Unterschied zu seiner außerkontex-
tuellen semantischen Auslegung (Signifikation). Weitere Umschreibungen: "property of being interpretable" (Moody),
"mode of reference" (Geach), "use of the name to stand for
things" (Maurer), "Verwendung für etwas/ Denotierung eines
Subjektes" (Pinborg). Als "Suppositum" eines Terminus gilt
dasjenige, worauf er sich im Satzkontext bezieht, d.h. die ihm
"zugrundegelegte Sache", sei dies nun etwas Singuläres, ein
mentaler Allgemeinbegriff oder aber der Terminus als solcher.
Im Gegensatz zur universalienrealistischen Tradition fallen nach
Ockham "Suppositum" und "Signifikatum" eines Ausdruckes,
d.h. Verweisungsobjekt und eigentlich Bezeichnetes (Zeichen-
inhalt), in bezug auf die singulären Dinge zusammen.

32. vgl. Anm. 33.

33. Ockham definiert den eigentlichen Gebrauch eines Terminus
im Sinne seiner "Aussagbarkeit von einer Sache". Daß dies
dem "signifikativen" Gebrauch sprachlicher Ausdrücke entspricht, liegt nach Ockham in der primären Zeichenfunktion
des Terminus begründet, jeweils einzelne Dinge/Personen der

Außenwelt zu repräsentieren. Damit setzt er den signifikativen Gebrauch eines sprachlichen Ausdruckes seinem Stehen "für etwas Einzelnes" gleich. Dies entspricht einem auf "erste Substanzen" ausgerichteten "Benennen", wobei sich z.B. der Ausdruck "Mensch" auf alles beziehen kann, für das gilt: "Dies ist ein Mensch" (demonstratives Zeichenverständnis). Damit wird die Signifikation eines Terminus rein extensional ausgelegt, d.h. das, wofür der Terminus im Satz verwendet und wovon er "verifiziert" wird (seine Extension bzw. sein Begriffsumfang), und das, was er "bezeichnet", sind identisch. Ockham definiert diese signifikative Verwendungsweise eines sprachlichen Ausdruckes als "personale Supposition"; vgl. oben S. 29.

34. Nach Auffassung der traditionellen Sprachlogik des Mittelalters bezieht sich der Prädikatsausdruck auf eine den einzelnen Dingen (gemeinsam) zukommende "Form" oder "allgemeine Natur", die ihnen innewohnt (inhäriert). Entsprechend drückt die Tradition die Prädikation innerhalb eines Satzes als Beziehung der "Inhärenz" einer allgemeinen Form in einer individuellen Materie aus; vgl. zur Theorie der Prädikation unten Anm. 65. Nach Ockham existiert dagegen diese "Form" nicht als eine von den Einzeldingen zu unterscheidende "Wesenheit", sondern es handelt sich bei diesem "Allgemeinen" allein um ein vom Intellekt abstrahiertes Zeichen der Ähnlichkeit aller art- und gattungsverwandten Individuen; vgl. hierzu die Behandlung der sog. "Universalien" bei W. of Ockham, *Sum. log. I*, Kap. 18 ff. Zu den im Text von Ockham kritisierten "Ignoranten" zählen u.a. Thomas v. Aquin und Walter Burleigh. Vgl. auch Th. v. Aquin, *Sum. theol.* III, q. 16, a. 7, ad 4 und Walter Burleigh, *Von der Reinheit der Kunst der Logik. Erster Traktat. Von den Eigenschaften der Termini.* Übersetzt und mit Einführung und Anmerkungen herausgegeben von Peter Kunze. Lat.-deutsch. Philos. Bibl. Bd. 401, Hamburg, Meiner, 1988, 161 ff.. Im folgenden abgekürzt als *Von der Reinheit.*

35. Zur synonymen Verwendung von konkreten und abstrakten Termini, vgl. W. of Ockham, *Sum. log. I*, Kap. 6–7. Von "Form" als potentieller Substanz spricht z. B. Aristoteles, *Met.* VII, 3, 1029 a 20f.; *Phys.* I, 7, 190 b 11.

36. Zur besseren Übersichtlichkeit wird im folgenden das unterschiedliche Einteilungssystem der Suppositionsarten bei Ockham und Burleigh in Form eines "Stammbaumes" (incl. Paradigmata) dargestellt (s. S. 144f.).

37. Entscheidend für die Bestimmung der personalen Supposition ist nach Ockham, ob dasjenige, wofür ein Terminus dieser Weise gemäß verwendet wird, mit demjenigen übereinstimmt, für das dieser Terminus das primäre sprachliche Zeichen bildet. Der personal supponierende Ausdruck steht also für das von ihm eigentlich Bezeichnete, wobei es sich dabei — wie die Bei-

spielsätze zeigen — nicht nur um eine extramentale, singuläre
Sache zu handeln braucht. Man könnte auch sagen, es geht um
die Funktion eines Terminus, für Individuen zu stehen, wobei
es diese Individuen sind, für welche verwendet zu werden, der
Terminus ursprünglich als Sprachzeichen gebildet wurde.

38.   Vgl. Joh. Damascenus, *Dial.*, 10. In: PG 94, 571 A
39.   Es handelt sich um die traditionelle Deutung dieser Kategorie.
      (Vgl. z.B. W. of Sherwood, *Introductiones in logicam*, a.a.O.,
      137). Entscheidend ist hier die Art und Weise bzw. der
      ontologische Status des Verweisungsobjektes — "für eine Sache
      als Träger einer Form" – während Ockham seiner Definition
      allein die Art und Weise des Bezeichnungsmodus zugrundelegt
      (zeichentheoretischer bzw. epistemologischer Ansatz).
40.   Unter "einfacher Supposition" verstand man im 13. Jahrhundert
      die (intensionale) Auslegung eines Terminus im Sinne der
      kontextuellen Bezeichung einer allgemeinen Natur bzw. der
      Essenz als allgemeiner Form, z.B. "Menschsein", "Weißsein",
      "Lebewesensein". Der Ausdruck steht dann für etwas "Allge-
      meines", für das jene einzelnen Dinge, für die der Terminus in
      personaler Supposition verwendet würde, die konkreten Bei-
      spiele bilden. Handelt es sich nach Meinung der Universalien-
      realisten bei diesem Allgemeinen um eine selbständig existie-
      rende Wesenheit (vgl. die skotistische "allgemeine Natur"), d.h.
      also: etwas invariant Bezeichnetes, so nach Ockham nur um ei-
      nen durch Abstraktion von allem Einzelnen gewonnenen Allge-
      meinbegriff, m.a.W. einen gemeinsamen "Namen" für mehrere
      Einzeldinge. Dieser erst im Intellekt konstituierte Namen kann
      selbst nicht das "primär Bezeichnete" eines Terminus bilden,
      da dieser sich unmittelbar immer nur auf Einzeldinge bezieht
      (vgl. personale Supposition). Im Zuge einer "schulneutralen"
      Lösung des damit erneut aufgeworfenen Problems der primä-
      ren sprachlichen Zeichenfunktion tritt in der Konfrontation von
      Realisten und Nominalisten die Frage nach dem ontologischen
      Status des Allgemeinen mehr und mehr zurück. Ihre Stelle
      nimmt die Auseinandersetzung um die Frage ein, was ein all-
      gemeiner Terminus eigentlich primär bezeichnet: Einzeldinge
      oder ein — wie auch immer zu bestimmendes — Allgemeines.
      Zur Frage, inwieweit es sich hiermit bereits um einen mehr
      oder minder "formalen Wahrheitsbegriff" handelt, vgl. Perler,
      D., *Der propositionale Wahrheitsbegriff*, a.a.O., 16 – 19, der das
      Wahrheitsproblem im 14. Jahrhundert als *semantisches, ontologi-
      sches* und *erkenntnistheoretisch-psychologisches* Problem unter-
      sucht.

           Für Ockham wird ein Ausdruck dann im Sinne des Spre-
      chers/Hörers gebraucht, wenn er für dasjenige steht, was dieser
      mit ihm primär bezeichnen wollte. Derjenige aber, der zuerst
      den Ausdruck "Mensch" verwendete, wollte damit konkrete

Zu Anmerkung 36

W. of Ockham, *Summa totius logicae:* Einteilung der Suppositionen

```
                                                              ┌ confusa
                                         ┌ communis ┤
                          ┌ personalis[1]┤          └ determinata[5]
                          │              └ discreta[4]
           ┌ propria     ┤ simplex[2]
           │              │
           │              └ materialis[3]
suppositio ┤
           │
           │              ┌ metoynimca[9]
           └ impropria    ┤ synecdochica[10]
                          └ antonomastica[11]
```

W. Burleigh, *De puritate artis logicae*

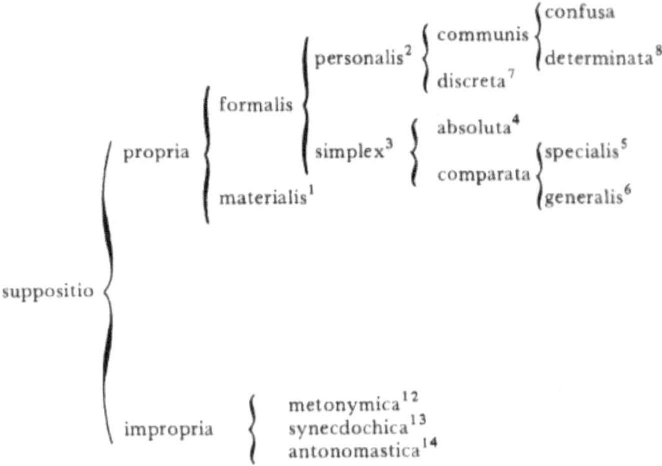

$$\left\{\begin{array}{l} \text{confusa et distributiva} \\ \\ \text{confusa tantum}[6] \end{array}\right. \left\{\begin{array}{l} \text{mobilis}[7] \\ \\ \text{immobilis}[8] \end{array}\right.$$

Paradigmata
[1] Omnis *homo* est animal (28)
   Homo est dignissima creatura (38)
[2] *Homo* est species (30)
[3] '*Homo*' est nomen (30)
[4] *Socrates* est homo (60)
[5] *Homo* currit (62)
[6] Omnis homo est *animal* (64)
[7] Omnis *homo* est animal (64)
[8] Omnis *homo* praeter Socratem currit (66)
[9] Bibe *cyphum*
[10] *Prora* est in mari   (74 + 126)
[11] *Apostolus* dicit hoc
   (Die in ( ) gesetzten Zahlen bezeichnen
   die jeweiligen Textseiten)

$$\left\{\begin{array}{l} \text{confusa et distributiva} \\ \\ \text{confusa tantum}[9] \end{array}\right. \left\{\begin{array}{l} \text{mobilis}[10] \\ \\ \text{immobilis}[11] \end{array}\right.$$

Paradigmata:
[1] *Homo* est nomen
[2] *Homo* currit
[3] *Homo* est species
[4] *Homo* est dignissima creaturarum
[5] *Homo* est species
[6] *Substantia* est genus generalissimum
[7] *Socrates* currit
[8] Aliquis *homo* currit
[9] Omnis homo est *animal*
[10] Omnis *homo* est animal
[11] Tantum *homo* est animal
[12] Bibe *cyphum*
[13] *Prora* est in mari
[14] *Apostolus* dicit hoc

Einzelmenschen bezeichnen, die er vor sich sah. Es gibt daher nach Ockham keine Notwendigkeit, daß "Mensch" zuallererst etwas Allgemeines, z.B. "Menschsein" als allgemeine Natur, bezeichnet. Ebensowenig bezieht sich ein Sprecher primär auf ein "allgemeines Zeichen", etwa eine Intention der Seele, sondern allein auf etwas, was selbst kein Zeichen, sondern mit den Sinnen wahrnehmbar ist, nämlich die einzelne Sache. Wurde dieser primäre und unmittelbare Gebrauch eines Terminus bereits als personale Supposition definiert (vgl. oben S. 29 f.), so kann es sich bei allen anderen Verwendungsweisen nur um den sog. nicht-signifikativen Gebrauch (einfache bzw. materiale Supposition) sprachlicher Ausdrücke handeln. "Mensch" steht in seiner Verwendung als Artbegriff für eine Intention der Seele, d.h. es gibt in den Individuen kein Allgemeines, etwa das "Menschsein", obwohl ein solcher Begriff von allen einzelnen Menschen mittelbar ausgesagt werden kann. Ockhams Überlegungen zur einfachen Supposition, mit denen der Unterschied im Verständnis der sprachlichen Zeichenfunktion zwischen Ockham und der Tradition am augenfälligsten wird, werden in Kap. 66 weiter vertieft, wobei es um die Analyse einzelner, bereits in der Tradition umstrittener Beispielsätze geht; vgl. oben S. 39 – 51. Wie der im folgenden auszugsweise wiedergegebene "Antworttext" Walter Burleighs belegt, machen die Kritiker Ockhams auf das mit der nominalistischen Zeichentheorie verbundene Problem der möglichen Varianz sprachlicher Ausdrücke aufmerksam, das auch bei Ockham nicht endgültig gelöst erscheint (Problem der Bildung mentaler Begriffe des Einzelnen "von Natur aus"; semantische Varianz als Folge der primären Bezeichnung eines nur kontingent Einzelnen). Allerdings wendet Burleigh erneut die traditionelle Theorie der einfachen Supposition im Sinne der primären *"Bedeutung"* (*significatio*) eines Terminus an, ohne dabei die von Ockham erhobenen Einwände entkräften zu können. Vgl. Walter Burleigh, *Von der Reinheit,* u.a. 23-27: "Das Nomen "Mensch" bedeutet irgendetwas zuallererst, und zwar bedeutet es nicht zuallererst Sokrates oder Platon. Denn wer dieses Nomen hörte und wüßte, was durch dieses Nomen bedeutet würde, würde sonst dabei mit aller Bestimmtheit Sokrates verstehen, was aber falsch ist. Somit bedeutet das Nomen "Mensch" nicht zuallererst irgendetwas Einzelnes; es bedeutet also zuallererst etwas Allgemeines. Jenes Allgemeine aber ist die Art. Also ist das, was zuallererst durch das Nomen "Mensch" bedeutet wird, die Art. [...] Jener Mensch aber, der das Nomen "Mensch" ursprünglich einmal als Bedeutungsträger einsetzte, kannte weder mich noch einen gegenwärtig lebenden Johannes; also bedeutet das Nomen "Mensch" nicht mich oder einen gegenwärtig lebenden Johannes, und folglich bedeutet das Nomen "Mensch" weder mich

noch Johannes etc. Allerdings supponiert es für mich und für Johannes, sofern es personale Supposition aufweist. Es ist also nicht wahr, daß ein Terminus, wann immer er personal supponiert, für sein Bedeutetes bzw. seine Bedeuteten supponiert (23)

Ferner bedeutet das Nomen "Mensch" dieser Meinung nach nur dann Sokrates, solange Sokrates existiert; nach dem Tod des Sokrates aber bedeutete es nicht mehr Sokrates, da dann Sokrates kein Mensch mehr ist. Wann immer also irgendein Mensch stirbt, verlöre das Nomen "Mensch" etwas von seinem Bedeutungsgehalt. Und also folgt, daß jeder, der irgendeine Sache zerstört, damit bewirkt, daß ein Wort seinen Bedeutungsgehalt verliert, was absurd ist." (27)

41. Vgl. oben Kap. 1; sowie W. of Ockham, *Exp. libr. Perih. Arist. Prooemium.* In: Traditio IV (1946) 307 ff.

42. Wie bereits oben erläutert (Anm. 40), handelt es sich um die traditionelle – universalienrealistische – Deutung der einfachen Supposition. Vgl. hierzu W. Sherwood, *Introductiones in logicam,* a.a.O., 137; W. Burleigh, *De supp.,* 35; *Von der Reinheit,* 19,43.

43. Dieser Gebrauch eines Terminus für sich selbst als Wortgebilde (d.h. für seine "Materie") begegnet uns im Sinne der sog. "grammatischen Übertragung" (*transsumptio grammaticae*) bereits in sprachlogischen Traktaten des 11. und 12. Jahrhunderts. Es handelt sich um die autonome, d.h. keine semantische Verweisung erfüllende, Bezugnahme des Terminus auf sich selbst, durch die – wie die folgenden Beispielsätze zeigen – in bestimmten propositionalen Kontexten eine Art metasprachliche Kommunikation möglich wird. Da als Sprachmaterie sowohl der gesprochene als auch der geschriebene Ausdruck gelten, erübrigen sich nach Ockham entsprechende Differenzierungen dieser Suppositionsart. Kennt das Mittelalter zur Kennzeichnung des metasprachlichen Gebrauchs eines Terminus (i. S. seiner bloßen Erwähnung) die Setzung des Partikels "*li*" als Indikator (*signum materialitatis,* z.B. "*li homo*"), so entspricht dem in moderner Schreibweise die Klammerung eines Wortes durch Anführungszeichen, z.B. das *Verb* "sein", das *Nomen* "Mensch". Bei Kennzeichnung der materialen Supposition im Übersetzungstext orientiere ich mich an der Schreibweise der kritischen Textedition. Allgemein wird im Mittelalter ein Sprachzeichen als Verbindung von Lautmaterie (*vox*) und "Bezeichnungsbezug" (*respectus ad significatum*) verstanden. Zu Anwendungsfällen dieser Suppositionsart vgl. Kap. 67.

44. Nach Auffassung der mittelalterlichen Logik liegt Äquivokation (Homonymie; Gleichnamigkeit) dann vor, wenn ein- und demselben Terminus verschiedene Bedeutungen beigelegt werden (*impositio variata*). Eine solche auf "offene Kontexte" hin angelegte Bedeutungsvarianz hat ihre Ursache in der natürlicherweise vorgegebenen bzw. durch Sprecherabsichten erst hervor-

gerufenen semantischen Mehrdeutigkeit. So repräsentiert z.B. der äquivoke Ausdruck "Hund" sowohl einen konkreten Hund als auch die bekannte Gestirnsformation. Obwohl Äquivokation allgemein eine eindeutige Identifizierung des Sprachzeichengehaltes verhindert, ist der Gebrauch eines Terminus nach personaler Supposition, d.h. für konkrete Einzeldinge, nach Ockham in jedem propositionalen Kontext zulässig, da sich hierin seine eigentliche *Bezeichnungs*funktion erfüllt. Dagegen sind die von diesem "signifikativen" Gebrauch abweichenden Verwendungen des äquivoken Terminus an die kontextuelle Einbettung, d.h. die logisch korrekte Zuordnung von Subjekt und Prädikat des Satzes, gebunden. Ockhams Beispiele zeigen, daß zur Bestimmung des signifikativen bzw. nichtsignifikativen Gebrauches eine genaue Analyse des Satzkontextes erforderlich ist. Vgl. auch die Regel, oben S. 37– 39.

45.   Im dritten Teil seiner Summe unterscheidet Ockham zwischen drei Arten von Äquivokationen, die jeweils dazu führen können, daß eine logische Schlußfolgerung fehlerhaft wird; semantische Mehrdeutigkeiten werden daher im Zusammenhang einer ausgearbeiteten "Fehlschlußlehre" (*De fallaciis*) untersucht; vgl. hierzu W. of Ockham, *Sum. log. III - 4*, Kap. 2 – 4. Die hier von Ockham genannte "dritte Weise der Äquivokation" liegt dabei nicht etwa vor, weil ein- und dasselbe Wort verschiedene Dinge *bezeichnen* (*potest significare diversa*), sondern weil es für Verschiedenes *supponieren* kann (*potest supponere pro diversis*); vgl. *Sum. Log. III-4*, Kap. 4, 759 f. In diesem Falle besteht die Gefahr eines Fehlschlusses durch Äquivokation, der — wie die von Ockham in diesem Kapitel genannten Regeln zeigen — nur durch eine differenzierende Analyse des Satzkontextes in bezug auf ihre Verwendungsweise - hier die Unterscheidung zwischen personaler und einfacher Supposition - vermieden werden kann. Zur Behandlung dieses Problems bei Ockham und Albert von Sachsen (Perutilis logica) vgl. ausführlich Kann, Chr., *Die Eigenschaften der Termini*, a.a.O., 63 ff.

46.   Vgl. hierzu Ps. Aristoteles, *Liber de Pomo*, ed. M. Plezia, Auctorum Graec. et Lat. Opuscula Selecta, II; Warschau, 1960; sowie W. Burleigh, *De supp.*, 26; *Von der Reinheit*, 33 – 45. Die folgenden Beispielsätze, die der mittelalterlichen Tradition entstammen, zieht Ockham heran, um an ihnen im Rahmen der Diskussion der "einfachen Supposition" das Problem des signifikativen und nicht-signifikativen Sprachgebrauchs erneut zu erörtern. Ockham führt dabei seine Auseinandersetzung vor dem Hintergrund der zeitgenössischen Universaliendiskussion, vor allem aber in bewußter Abgrenzung von W. Burleigh, auf dessen frühen "*Traktat über die Supposition*" er sich wiederholt kritisch bezieht.

47. Läge personale Supposition vor, so müßte der Beispielsatz wie
folgt umgewandelt werden können: "Sokrates oder Platon oder
X ist die würdigste aller Kreaturen"; d.h. es handelte sich dann
um sog. determinierte Supposition, vgl. oben S. 63.

48. Etwa wenn man folgerte: "Diese Farbe (z.B. Grün) ist das allererste Objekt des Sehvermögens." Der Textkontext erfordert die
Ersetzung des offensichtlich verschriebenen *"obiectum"* durch
"subiectum (Codex K); vgl. textkritischer Apparat in *Sum.log.*, I,
200

49. Vgl. zu diesen Beispielsätzen auch die Diskussion bei W. Burleigh, *Von der Reinheit*, 35 - 55. Der dort ebenfalls genannte Beispielsatz "Ein Pferd wird dir versprochen" (*Equus tibi promittitur*) wird von Ockham erst im Zusammenhang der sog. determinierten Supposition erörtert; vgl. Kap. 72.

50. Ockham bezieht sich an dieser Stelle vor allem auf W. Burleigh, *De supp.*, 36. Dieser bestimmt die Supposition des Sub-
jektsausdruckes nach "absoluter, einfacher Supposition", wobei
angegeben wird, daß etwas Allgemeines — das "Menschsein" —
mehreren einzelnen Lebewesen "innewohnt".

51. Z.B. "Sokrates ist die würdigste aller Kreaturen". Obwohl sich
eine solche Argumentation in Burleighs frühem Traktat nicht
findet, können wir davon ausgehen, daß er mit Blick auf Ockhams These wahrscheinlich so hätte argumentieren können.
Vgl. auch R. Campsall, *Logica contra Ockham*, Bononiae, Univ.
2635, Kap. 53, f.84^{v}. Zit. nach W. of Ockham, *Sum. log. I*, 201
Anm. 4.

52. Ockham verfährt bei seiner Kritik Burleighs methodisch in der
Weise, daß er mögliche Einwände, die seiner Theorie entgegen-
gehalten werden, jeweils einzeln entkräftet, um dadurch die
Richtigkeit seiner These zu beweisen: Geht etwa Burleigh davon aus, daß in dem zitierten Beispielsatz keine personale Supposition vorliegt, so schließt Ockham, daß der Terminus dann
einfach bzw. material supponieren müsse. Da aber eine Auslegung nach einfacher Supposition auch für einen "gemäßigten"
Universalienrealisten wie Burleigh nicht überzeugend sein kann
— die materiale Auslegung scheidet ohnehin aus —, so bleibt es
Ockhams Aufgabe nachzuweisen, unter welchen Einschränkun-
gen das Subjekt des Satzes doch signifikativ, d.h. nach personaler Supposition, ausgelegt werden darf. Diese Methode führt
Ockham zu einer speziellen Analyse problematischer Sätze,
durch welche der unmittelbare Einbettungskontext (d.h. die
Oberflächenstruktur bzw. der Wortlaut des Satzes) "transfor-
miert" wird; vgl. Anm. 53.

53. Zur Rekonstruktion des wahren Sinnes eines Satzes entwickelt
Ockham eine eigene Theorie der "Transformation" von oberflächenstrukturell nicht zu verifizierenden Sätzen, wobei er den
"wörtlichen Sinn" eines Satzes (*virtus sermonis*) dem eigentlich

gemeinten "wahren Sinngehalt" (*sensus verus*) gegenübergestellt.
So ist der von Ockham zitierte Beispielsatz seinem wörtlichen
Sinne nach "schlechthin falsch", denn sein Subjekt kann weder
für eine "Intention der Seele" noch für eine "einzelne Sache"
stehen, da sonst einem bestimmten Menschen jene "höchste
Würde" zugesprochen würde, während sich das Prädikat auf
alle Kreaturen schlechthin bezieht. Fragt man dagegen nach
dem wahren Sinn dieses Satzes, d.h. nach der Intention seines
Sprechers, so läßt sich zeigen, daß das Prädikat signifikativ (d.h.
personal) für alle Geschöpfe supponiert, die selbst keine Menschen sind, aber zur Klasse der körperhaften Geschöpfe gehö-
ren. Dieser "sinngemäßen" Auslegung entsprechend steht für
Ockham jeder einzelne Mensch seiner Würde nach über allem
anderen Geschaffenen. Die Gegenüberstellung von wörtlicher
Aussageform und intendiertem Sinn erscheint bei Ockham als
Reduktionsverfahren zum Nachweis der Satzwahrheit in um-
strittenen Fällen, ohne daß dabei ontologische Kontroversen —
etwa im Blick auf den Status des "Allgemeinen" — miteinbezo-
gen werden müssen. Das Verfahren wird von Ockham an späterer Stelle auch zur Klärung solcher Fälle herangezogen, bei
denen ein Terminus in "uneigentlicher" Verwendungsweise
semantisch abweichend gebraucht wird. Vgl. Kap. 77.

54. Vgl. W. of Ockham, *Scriptum in Librum Primum Sententiarum
     Ordinatio.* Distinctiones II—III. Hg. v. St. Brown, G. Gál. In:
     Ders., l.c. Opera Theologica II, St. Bonaventure, 1970, 142 ff.
     Im folgenden abgekürzt als *In Sent. II;* Aristoteles, *Anal. post. I,*
     4, 73 b 30ff. Zur Deutung des Ausdruckes "zuallererst" (primo)
     vgl. auch W. of Ockham, *In Sent. II,* 132; es handelt sich um
     die Wiederaufnahme der aristotelischen Kategorie des
     "Proprium" einer Substanz; vgl. Aristoteles, *Topica* VIII, 3, 153
     a 15 f.; vgl. auch die Definition oben S. 47.

55. Bei der Rekonstruktion des intendierten Sinngehaltes eines Sat-
     zes nimmt Ockham die früher getroffene Unterscheidung zwi-
     schen konkreten und abstrakten Termini wieder auf, wobei er
     die unmittelbare Verständigungsebene, d.h. den Akt des Spre-
     chens, der nur auf Satzzeichen bezogenen (metasprachlichen)
     Aussage gegenüberstellt — eine Differenzierung, die Ockham
     im folgenden durch die Zuordnung von "Aussagevollzug" (*ac-
     tus exercitus*) und "Aussagebezeichnung" (*actus signatus*) ver-
     deutlicht. Vgl. auch *Sum. log. I,* Kap. 5 — 7.

56. Obwohl Ockham als "Nominalist" einer realen Existenz des
     Allgemeinen nicht zustimmt, schlägt er zur Klärung dieser Bei-
     spielsätze eine Lösung vor, die in gewissem Sinne über dem
     Streit der verschiedenen Schulrichtungen steht. So ermöglicht
     ihm die Differenzierung zwischen Aussagevollzug und Aussage-
     bezeichnung eine "rein logische", weil formale, Analyse der
     Wahrheitsbedingungen kategorischer Sätze, ohne dabei einem

bestimmten ontologischen Vorverständnis Rechnung tragen zu
müssen. Dies hindert Ockham aber nicht daran, dennoch von
"Irrtümern" der Universalienrealisten zu sprechen. Burleigh
nimmt diese Differenzierung seinerseits in seine Logik auf, um
mit ihrer Hilfe die universalienrealistische Deutung der Beispielsätze zu rechtfertigen; vgl. W. Burleigh, *Von der Reinheit*, 45 - 55.

57.   Aristoteles, *Anal. Post.* I, 4, 73 b 32–74 a 3; *Topica* V, 5, 134 b
      24f. Ockham weist unter Bezug auf Aristoteles jede Aussagbar-
      keit eines *esse primo risibile* für eine einzelne Sache bzw. eine
      allgemei

58.   ne Natur zurück.

58.   Vgl. hierzu W. Chatton: *Lectura Sent. I,* d.4, a.1; sowie W. of
      Ockham, *In Sent. I,* d.2, q4, 99 ff., 127 ff.

59.   Die Analyse Ockhams läßt sich folgendermaßen schematisch
      darstellen:

<table>
<tr><td>I. homo est primo risibilis</td><td>falsa de virtute
sermonis</td></tr>
<tr><td>II. De homine praedicatur primo
risibile   ACTUS SIGNATUS

Omnis homo est risibilis
   ACTUS EXERCITUS (positive)

Nihil aliud ab homine est
risibilis
   ACTUS EXERCITUS (negative)</td><td>vera in sensu,
quo fit</td></tr>
</table>

Vgl. auch oben Anm. 57. Zur Analyse dieser Sätze bei Burleigh, die in vielem der Methodik Ockhams ähnelt, vgl. W. Burleigh, *Von der Reinheit*, 45 ff.: Burleigh hält eine "intensionale"
Auslegung allgemeiner Termini dann auch dem Wortlaut eines
Satzes nach für zulässig, wenn der Sprecher/Hörer von der ontologischen Grundannahme eines "Allgemeinen außerhalb der
Seele" ausgeht. Ockham, der diese Auffassung nicht teile, sei
dagegen auf "sinngemäße" Transformationen angewiesen, um
so den signifikativen Gebrauch dieser Termini nach personaler
Supposition rechtfertigen zu können. Daher wird die Differenzierung zwischen Aussagevollzug und korrespondierender Aussagebezeichnung von Burleigh zwar als formal zulässig aner-
kannt, sie impliziert für ihn jedoch keine Lösung für das Problem der eigentlichen Bezeichnung bzw. Imposition eines allgemeinen Ausdruckes, unter der Voraussetzung daß man Ockhams Annahme einer alleinigen Existenz von Einzeldingen außerhalb des Intellektes nicht zu teilen bereit ist. Burleigh hält
Ockham vor, daß er – trotz seiner Differenzierungsversuche –
die Zeichenfunktion allgemeiner Termini nicht losgelöst von
seiner ontologischen Position zu klären vermag, zumal er dabei
von der – nach Burleighs Auffassung – stets vorrangigen Analyse des Wortlautes eines Satzes Abstand nehmen muß.

60. D.h., der Ausdruck supponiert der Oberflächenstruktur des
     Satzes nach weder für etwas Einzelnes oder eine Intention der
     Seele noch für ein selbständig existierendes Allgemeines.
61. Zu diesen Beispielsätzen vgl. W. Burleigh, *Von der Reinheit*, 43 ff.
     Nach Ockham handelt es sich in diesem Fall um eine nur "mit-
     telbare" Aussage über dasjenige, wofür die Intention der Seele
     als natürliches Zeichen unmittelbar steht.
62. Ockham weist als Logiker die Annahme einer "allgemeinen Sa-
     che außerhalb der Seele" zurück, weil sie ihm zur Deutung der
     Zeichenfunktion allgemeiner Termini entbehrlich ist (vgl. das
     Analyseverfahren mit Hilfe von Transformationssätzen). Für
     den Logiker reduziere sich die Frage z.B. nach dem, was eigent-
     lich ein "vernunftbegabtes Lebewesen" ist, auf die Analyse des-
     sen, was dieser oder jener konkrete Einzelmensch ist. Vgl. auch
     W. of Ockham, *In Sent. II*, 129.
63. Porphyrius, *Isag.*, Kap. 5. Vgl. demgegenüber die Auffassung
     des Universalienrealisten R. Campsall, *Logica contra Ockham*,
     a.a.O., f.48^r: "'Mensch' bedeutet zuallererst und grundlegend
     die menschliche Natur, in zweiter Hinsicht jedoch bezeichnet
     dieser Ausdruck alle einzelnen Menschen."
64. Vgl. hierzu auch die Zurückweisung jeder ontologischen Vor-
     entscheidung, was den Aufgabenbereich des Logikers betrifft
     (*quoad logicum*), bei Porphyrius, *Isag.*, Kap. 1. Die im 14. Jahr-
     hundert erhobene Forderung nach einer Trennung von logi-
     scher und ontologischer Fragestellung bei der Analyse der
     Satzwahrheit gehört zu jenen gemeinsamen, und im Grunde
     unumstrittenen, Grundannahmen aller sprachlogischen Schul-
     richtungen; auch zwischen dem "Realisten" Burleigh und dem
     "Nominalisten" Ockham gibt es in diesem Punkte keine we-
     sentlichen Meinungsverschiedenheiten; vgl. W. Burleigh, *Expo-
     sitio super artem veterem* (1337). Venetiis, 1497. Unveränderter
     Nachdr., Frankfurt, 1967. f2^va. Damit verlagert sich der Streit auf
     die Ebene des Zeichenverständnisses sprachlicher Ausdrücke: es
     geht um die Frage, worauf sich ein Terminus seiner Imposition
     gemäß eigentlich "zuallererst" bezieht. Vgl. zur Lösung dieses
     Problems auch W. of Ockham, *Sum. log. I*, Kap. 17, wo er er-
     neut die Verweisungsfunktion allgemeiner Termini untersucht.
65. Ockham leitet aus dem rein extensionalen Verständnis der
     sprachlichen Zeichenfunktion (vgl. Anm. 33 u. 37) seine sog.
     "Identitätstheorie" der Prädikation ab. Danach gilt ein Satz
     dann als wahr, wenn dasjenige, wofür sein Subjektsausdruck
     verwendet wird, mit demjenigen *identisch* ist, wofür das Prädi-
     kat dieses Satzes supponiert. Jeder Satz repräsentiert also nicht
     mehr als die zulässige/unzulässige Verbindung von Sprachzei-
     chen. Der Erkenntnisakt konstituiert sich gleichfalls nur vermit-
     telt über Sprachzeichen, die ihrerseits singuläre Dinge repräsen-
     tieren. Damit wird die Vorstellung der älteren Prädikationstheo-

rie zurückgewiesen, wonach Satzwahrheit ein "Fundament in den bezeichneten Dingen selbst" (Burleigh) hat, so daß Subjekt und Prädikat einer wahren Aussage das wahre "Enthaltensein" ihrer Verweisungsobjekte wiedergeben. Burleigh beschreibt diese besondere Verbindung der Supposita zweier Satzglieder im Sinne einer Beziehung, bei der eines dem anderen "zukommt" (Inesse-Relation). Im Unterschied zur Auffassung Ockhams bezieht sich dabei der Prädikatsausdruck auf eine dem *suppositum subiecti* "inhärierende Form", so daß im Vollzug der Satzaussage die "essentielle Verbundenheit" von Form und Substanz ausgedrückt wird. Die Tradition vor Ockham machte damit die Wahrheit eines Satzes davon abhängig, ob zulässigerweise mit ihm sprachlich "etwas" repräsentiert wird, was außerhalb des Intellektes als "das Wahre" vorgefunden werden kann. Ockhams Kritik an diesem Standpunkt weist dagegen "Wahrheit" allein im Sinne einer Funktion von Sprachzeichen aus; ihr Ort sind nicht die Dinge selbst, sondern die Erkenntnis bzw. Aussage über die Dinge.

66. Vgl. hierzu W. Burleigh, *De supp.*, 54.
67. Dies folgt aus Ockhams Theorie der Sprachebenen, vgl. Anm. 5.
68. Analog seiner Differenzierung der materialen Supposition als Gebrauch eines Terminus entweder für sich selbst oder aber für etwas anderes, was er dabei gleichwohl nicht bezeichnet, unterscheidet Ockham auch zwischen zwei Möglichkeiten der nichtsignifikativen Auslegung mentaler Ausdrücke: so verweist der mentale Ausdruck des Beispielsatzes auf sich selbst innerhalb einer anderen kontextuellen Einbettung; dabei bezieht er sich aber nicht-signifikativ auf eine Vorstellung der Seele.
69. Vgl. oben Anm. 24 sowie W. of Ockham, *Sum. log. I*, Kap. 4.
70. Dieser Bedingung einer Ausgrenzung von Subjekts- bzw. Prädikatsteilen aus dem Analyseverfahren der Suppositionstheorie liegt die Einsicht der Urteilslehre zugrunde, daß sich die logischen Beziehungen zwischen einzelnen Sätzen nur aufgrund der Zuordnung vollständiger Satzglieder bestimmen lassen. Damit wird der inkomplexe Terminus von Ockham erneut auf seine alleinige Verwendung als Subjekt oder Prädikat des Satzes festgelegt, von dessen Analyse die Deutung auch komplexer Satzzusammenhänge abhängt. Ockhams Anliegen gilt hier der Vermeidung logischer Fehlschlüsse durch Mißverständnisse über die sprachliche Verweisungsfunktion eines Terminus (vgl. oben Anm. 1 und 45). Dieselbe Bedingung hat vor Ockham bereits Walter Burleigh formuliert, *De supp.*, 31–34.
71. Der Fehler dieses Schlusses beruht auf einem Mißverständnis der logisch korrekten Zuordnung von Vordersatz (Antezedens) und Schlußsatz (Konsequens), welches die nicht erfüllte Inferiorität der Prädikatsteile betrifft. Vgl. auch W. Burleigh, *De supp.*, 32: B. ordnet einen solchen Fall, bei dem ein Schluß allein auf

der Zuordnung von Satzgliedteilen aufbaut, dem Bereich der sog. "uneigentlichen Supposition" (*suppositio impropria*) zu.

72. Vgl. auch Anm. 36. Nach Ockham handelt es sich hier um das Stehen eines diskreten Ausdruckes für genau diejenige singuläre Sache, die dieser seiner Imposition gemäß "zuallererst" bezeichnet, die also seiner Bezeichnungsfunktion "von Natur aus" entspricht. Das Zusammenfallen von Suppositum und Bezeichnetem des Terminus erfordert nach Ockham einen wahren singulären Satz. Diese Auslegung entspricht den Auffassungen innerhalb der mittelalterlichen Tradition, z.B. bei Thomas von Aquin, W. of Sherwood und Petrus Hispanus.

73. Burleigh schreibt dem Subjekt eines solchen Satzes personaldiskrete Supposition zu; er hält jedoch einen Satz dieser Form der Oberflächenstruktur nach für nicht verifizierbar, eher erfordere er die Umformung in einen kopulativen Satz mit zwei verschiedenen Subjekten, z.B.: "Diese Pflanze wächst hier, und eine ebensolche wächst in meinem Garten". Vgl. W. Burleigh, *De supp.*, 54.

74. An anderer Stelle legt Ockham den Subjektsausdruck dieses Beispielsatzes allerdings nach determinierter Supposition aus; vgl. W. of Ockham, *Elementarium logicae*. In: Franciscan Studies 25 (1965) 210. Burleigh schließt sich später der Deutung Ockhams an; dabei übernimmt er die Unterscheidung zwischen "Wortlaut" und "Sinngehalt" eines Satzes und weist dem Terminus diskrete Supposition zu. Vgl. W. Burleigh, *Von der Reinheit*, 55 f.

75. Im Unterschied zur Supposition singulärer Ausdrücke verweist ein allgemeiner Terminus nach personaler Supposition auf einige, mehrere oder alle Elemente seines Begriffsumfanges. Je nach den Wahrheitsbedingungen des einbettenden Satzes unterscheidet die mittelalterliche Logik dabei zwischen einer "determinierten" – d.h. für mindestens ein Suppositum gültigen – und einer "konfusen" (unbestimmten) Auslegung des Terminus für mehrere oder alle Elemente seiner Extension. Mit der genauen Bestimmung des Begriffsumfanges eines solchen allgemeinen Terminus rücken die formal-syntaktischen Problemlösungen der Suppositionstheorie in den Mittelpunkt. So geht es in dem genannten Beispiel um die Abwehr des Mißverständnisses indefiniter Sätze als "Wesensaussagen" (Supposition für etwas "Allgemeines"). Die semantische Analyse der Wahrheit eines indefiniten Satzes führt Ockham zu der Erkenntnis, daß die Behauptung, irgendein Mensch laufe gerade dort, nur dann zutrifft, wenn etwa gilt: "Dieser Mensch ist *nämlich* Sokrates." Die Setzung eines solchen sog. "namely-riders" (eines "Nämlich"-Nachtrages) erfüllt die oben genannte Bedingung, daß der Satz für mindestens einen Menschen wahr sein muß (singuläre Exemplifizierung). Da in Ockhams Beispiel der in diesem Fall zu erwartende unbestimmte Artikel (*aliquis*) fehlt, ist darauf hinzuweisen, daß nach Auffassung der aristotelischen und mittelalterlichen Tradition par-

tikuläre und indefinite Aussagen dieselben Wahrheitsbedingungen aufweisen. Determinierte Supposition wird daher von den
Autoren in all jenen Fällen angenommen, in denen ein allgemeiner Terminus ohne jeden Artikel verwendet wird; damit ist der
Satz "*aliquis homo currit*" dem Satz "*homo currit*" äquivalent.

76.   Der von Ockham genannte "logische Abstieg zu den einzelnen
      Teilsätzen" (*descensus ad inferiora*) ist nichts anderes als eine
      Methode der Reduktion, durch die der "Gültigkeitsbereich"
      des allgemeinen Terminus auf seine singulären Elemente hin
      transparent gemacht wird. Damit hat die Suppositionslogik —
      bereits vor Ockham — ein auf alle allgemeinen Termini an-
      wendbares Instrumentarium ausgearbeitet, mit dessen Hilfe ein
      Einbettungssatz auf die mit ihm erfaßten Prädikationen zurück-
      geführt werden kann. Vgl. Boethius, *In Porphyr. Isag. II*, 228:
      unum per multa dispergere (Eines auf die vielen verteilen). Zu
      den kontextuellen Voraussetzungen für das Vorliegen einer de-
      terminierten Supposition, vgl. Ockhams Regel, oben S. 69 ff.
      Eine ausführliche Analyse der Theorie von descensus und
      ascensus bei Albert v. Sachsen, die "in ihren grundlegenden
      Differenzierungen" dem Ansatz Ockhams entspricht, bietet
      Kann, Chr., *Die Eigenschaften der Termini*, a.a.O., 87 - 112.

77.   Auch hier wird die Extension des allgemeinen Terminus da-
      durch erschlossen, daß Ockham eine logische Folgebeziehung
      zwischen Universalsatz und singulären Transformationssätzen
      herstellt. Anders als im Falle der determinierten Supposition ist
      bei allein-konfuser Supposition aber eine propositional-disjunk-
      tive Ersetzung des Prädikatsausdruckes in Form vollständiger,
      singulärer Teilsätze nicht möglich. Dieser "Unbestimmtheit"
      (*confusio*) seiner Verweisung entsprechend steht der Terminus
      dergestalt für alle einzelnen Elemente seiner Extension, daß ein
      sog. "disjunctive nominal descent" (disjunktive Zerlegung des
      Prädikates) im Blick auf die Supposita des Terminus zulässig ist.
      Es ist gleichzeitig möglich, den allgemeinen Terminus aus ei-
      nem einzelnen Element seiner Extension induktiv zu erschlie-
      ßen, d.h. ein "logischer Aufstieg" (*ascensus*) von den singulären
      Aussagen, auf die geschlossen wurde, zur universalen Aussage,
      von der aus (descensus) geschlossen wurde; zur Diskussion die-
      ses Verfahrens und insbesondere zur Möglichkeit seiner Formali-
      sierung mit den Mitteln der modernen Quantorenlogik (in Aus-
      einandersetzung u.a. mit Matthews, Price, Read und Swiniarski)
      vgl. Weidemann, H., *Wilhelm von Ockhams Suppositionstheorie
      und die moderne Quantorenlogik*, a.a.O., 43 - 60. Weidemann,
      der Ockhams Suppositionslogik als eine "rudimentäre Quantifi-
      kationstheorie" versteht, diskutiert in diesem Aufsatz u.a. die
      Möglichkeit einer "vierten" Suppositionsart für den Prädikats-
      terminus eines partikulär verneinden Satzes, z.B. "Irgendein
      Mensch ist kein Mensch". Er identifiziert sie als *suppositio persona-*

lis communis, bei der es erlaubt ist, auf einen Satz mit konjunktivem Prädikat abzusteigen, ohne daß aber von einem Teil dieses Prädikates auf den Ursprungssatz geschlossen werden kann.

78. Bei der konfus-distributiven Verwendungsweise wird ein allgemeiner Terminus distributiv für alle Elemente seines Begriffsumfanges gebraucht, ohne daß er aber aus einem einzelnen Suppositum — vgl. "allein-konfuse Supposition" — allein erschlossen werden könnte. Quantifikation und Distribution bilden also eine Einheit und ermöglichen die Abgrenzung der konfus-distributiven gegenüber der allein-konfusen oder der determinierten Supposition. Dabei erfolgt der Nachweis dieser Suppositionsart über die kopulative Auflistung aller Supposita des Terminus, wie sie durch die Stellung des Distributionszeichens im Einbettungssatz angezeigt wird. Eine weitere Differenzierung der konfus-distributiven Supposition richtet sich danach, ob der kopulative Abstieg (Descensus) im Blick auf alle Elemente des Begriffsumfanges durchgeführt werden kann (auflösbare oder "mobile" Supposition) oder nicht (nicht-auflösbare, "immobile" Supposition). Vgl. unten Anm. 79.

79. In allen Fällen, in denen ein synkategorematischer Ausdruck, z.B. eine Exzeption, den Begriffsumfang eines allgemeinen Terminus innerhalb des Satzes eingrenzt, wird der vollständige kopulative Descensus unmöglich, so daß zwischen einer "mobilen" (vollständig auflösbaren) und einer "nicht-mobilen" Supposition unterschieden werden kann. Nach Ockham darf man aber trotz der Setzung einer Exzeption alle Supposita kopulativ auflisten, die nicht durch dieses Zeichen aus dem Gültigkeitsbereich des Terminus ausgegrenzt werden, sofern man dabei den Satz umformt (*aliqua variatione facta*). Mit dieser von Ockham erkannten Möglichkeit eines Descensus, bei dem der Ausgangssatz verändert werden muß, wird die aus der Tradition überlieferte terminologische Unterscheidung zwischen mobiler und immobiler Supposition eigentlich überflüssig. Vgl. W. Burleigh, *Von der Reinheit*, 69 ff.

80. Zur Aufdeckung der Wahrheitsbedingungen partikulärer, indefiniter und universaler Sätze entwickelte die mittelalterliche Sprachlogik eigene "Regelsysteme", durch die die logische Funktion eines synkategorematischen Ausdruckes festgelegt und die verschiedenen Verwendungen eines Terminus nach allgemeiner Supposition gegeneinander abgegrenzt werden konnten; vgl. Ockhams Regeln zur *suppositio communis*, oben Kap. 73 und 74. Im Unterschied zu Burleigh, *De supp.*, 38 ff. nennt Ockham hier die kontextuellen Voraussetzungen für das Vorliegen der sog. determinierten Supposition (vgl. Anm. 76).

81. Die Herausgeber der textkritischen Ausgabe nehmen aufgrund des inhaltlichen Kontextes zu Recht an, daß ein ursprüngliches "*omne*" in der Hs. zu "*omnem*" verschrieben worden sein muß.

Entsprechend ist hier zu verbessern. Siehe Weidemann, H., *"Scholasticorum taediosa circa suppositiones praecepta": Leibniz und die Problematik der Suppositionstheorie Ockhams*, a.a.O., 1991, 249

82. W. of Ockham, *Sum. log. I*, Kap. 63; siehe oben S. 25. Die im Text folgenden Beispielsätze dienen der allgemeinen Bestimmung dessen, was nach Ockham unter signifikativer Sprachverwendung zu verstehen ist; Ockham führt diesen Nachweis am Beispiel der determinierten Supposition.

83. In den genannten Sätzen liegt sog. "uneigentliche" Supposition (*suppositio impropria*) vor, bei der ein Terminus abweichend von seiner üblichen Bedeutung verwendet wird. Ockham behandelt diese Verwendungsweise in Kap. 77; vgl. Anm. 118 ff.

84. Eine der Handschriften (Codex B) weist an dieser Stelle folgende Randbemerkung aus: "Wichtige Regel gegen Burleigh!" Obwohl es sich dabei nur um die Abwehr des "universalienrealistischen" Verständnisses des Allgemeinbegriffs handeln kann, ist darauf hinzuweisen, daß Burleigh selbst die Tatsache, daß es sich um einen Terminus in personaler Supposition handelt, nicht in Abrede stellt. Vgl. W. Burleigh, *De supp.*, 60 ff.

85. Ockham vertritt diese Auffassung der Zeichenfunktion eines Terminus ("zweites Verständnis") im Zusammenhang einer Klärung der "logischen Terminologie" (*de vocabulis logicae*); W. of Ockham, *Sum. log. I*, Kap. 33, 95.

86. Vgl. hierzu die Ausführungen Ockhams im zweiten Teil seiner Logik, *Sum. log. II*, Kap. 7, 271. An dieser Stelle werden die Wahrheitsbedingungen von Sätzen der Vergangenheit bzw. der Zukunft erneut untersucht. Die zitierte Definition des Prädikates findet sich auch bei W. of Sherwood, *Introductiones in logicam*, a.a.O., 145: "Ein Nomen an Prädikatsstelle also macht die Form begrifflich faßbar, und zwar, wie ich betone, insofern sie die Form der Substanz des Subjekts ist."

87. Die Wahrheitsbedingungen des modalen Satzes untersucht Ockham im 9. Kapitel des zweiten Teiles; vgl. W. of Ockham, *Sum. log. II*, Kap. 9. Ausgearbeitete Regelsysteme zur Bildung und Verifikation von Modalsätzen finden sich außerdem in *Sum. log. III · 3*, Kap. 10 – 12.

88. Diese Regel findet sich bei W. of Ockham, *Expositio super librum Elenchorum Aristotelis*, Kap. 4; zit. nach: *Sum. log., I*, 218 Anm. 8. Nach Ockham kann ein Terminus in jedem beliebigen Satzkontext für dasjenige supponieren, wovon er "aktuell" ausgesagt wird. Es ist allein auf die Setzung des Prädikatsausdruckes und seiner Tempusform zurückzuführen, wenn ein Terminus auch für etwas verwendet werden kann, wovon er zu einem anderen Zeitpunkt bzw. in einem anderen Modus ausgesagt wird.

89. Zum Problem der Aussagbarkeit eines Terminus, vgl. oben S. 12 f.; sowie Anm. 33.

90. Diesem Einwand liegt die ernst zu nehmende Behauptung zu-

grunde, daß ein personal supponierender Terminus in den genannten Sätzen aufgrund der unbestimmten Existenzweise der
Einzeldinge auch seine semantische Kontinuität "verliert", sofern es sich hier — wie Ockham meint — um den eigentlich
"signifikativen" Gebrauch eines Terminus handelt. Ockham
stellt diesem Einwand die These gegenüber, daß die Supposition des Terminus erst und allein durch den konkreten Satzkontext (Tempusabhängigkeit) angezeigt wird: sog. "zweiter Modus" der Signifikation, vgl. oben Anm. 85.

91.   Nach Burleighs Auffassung verweisen die Subjektausdrücke
      dieser Sätze auf eine *res significata* im Sinne eines "Allgemeinen", welches den einzelnen Individuen innewohnt (*esse in multis*). Demgemäß würde in dem ersten Satz etwas versprochen,
      an welchem — als "Pferdsein" — alle denkbaren Pferde teilhaben. Der Terminus stünde dann im Sinne der intensionalen Zeichentheorie Burleighs nach einfacher Supposition für jenes "bezeichnete Allgemeine". Burleigh bindet m.a.W. die Erfüllung
      des Versprechens an die Existenz einer *natura communis*. Wie
      Ockhams Darlegungen zeigen, handelt es sich bei all diesen Beispielen um Sätze, die nicht ihrem Wortlaut nach (Passiv!) zu bewahrheiten sind. Im Zuge seiner Widerlegung Burleighs arbeitet
      Ockham im folgenden die synkategore-matische Funktion des
      Ausdruckes "versprechen" heraus, der eine Umformung des einbettenden Satzes in das Aktiv mit disjunktivem Prädikat, d.h. die
      Identifizierung der allein-konfusen Supposition, zuläßt. Ockham
      zeigt sich damit in der Lage, den "diffusen" Charakter dieses Versprechens mit Mitteln der nominalistischen Zeichentheorie (personale Supposition) zu erklären. Der Begriffsumfang des Ausdruckes "Pferd" erscheint um alle vergangenen, gegenwärtigen
      und zukünftigen Supposita erweitert. Zur Deutung dieses Beispielsatzes bei Burleigh vgl. W. Burleigh, *Von der Reinheit*, 41 f.

92.   Zu den Wahrheitsbedingungen indefiniter, partikulärer und universaler Sätze vgl. W. of Ockham, *Sum. log. II*, Kap. 7 ff. Der
      Beispielsatz unseres Textes taucht an dieser Stelle allerdings
      nicht wieder auf.

93.   Zur Analyse dieses Beispielsatzes bei Burleigh vgl. *De supp.*, 36 f.
      Danach kommt allen Menschen eine gemeinsame Natur des
      Sehvermögens zu. Ein Blinder kann daher nur der Sehkraft im
      allgemeinen ("als solcher") nicht aber einer bestimmten einzelnen Sehkraft beraubt werden. Der Terminus "Sehvermögen"
      bezieht sich nach Burleigh also in einfacher Supposition auf
      eine bezeichnete "allgemeine Natur", an der die einzelnen Individuen teilhaben.

94.   Zur Supposition der Art- und Gattungsbegriffe als Wörter der
      "zweiten Intention" vgl. Ockhams Darlegungen zur Beziehung
      zwischen Objekt- und Metasprache, oben Anm. 8.

95.   Vgl. W. Burleigh, *De supp.*, 37. Nach Burleigh liegt in diesem

Falle einfache ("spezielle" bzw. "generelle") Supposition vor, da der Ausdruck in Abstraktion von den einzelnen Individuen gebraucht wird und damit "absolut" für sein Bezeichnete ohne jeden Bezug zu konkreten Einzeldingen supponiert. Vgl. auch W. Burleigh, *Quaestiones in Librum Perihermeneias*, In: Franciscan Studies 34 (1974) 213.

96. Zur "uneigentlichen Supposition" (*suppositio impropria*), vgl. oben Kap. 77.

97. Zur Beziehung von abstrakten und konkreten Ausdrücken vgl. W. of Ockham, *Sum. log. I*, Kap. 5 – 7.

98. Vgl. Thomas von Aquin, *Sum. theol. I*, q. 45, a.3, ad 1. Der Schöpfungsakt wird hier als göttliche Wesensbestimmung erkannt, durch welche eine Beziehung zwischen Gott und allem Geschaffenen besteht; diese Relation läßt sich dabei allein als eine vernunftvermittelte bestimmen (*relatio non est realis sed secundum rationem tantum*).

99. Vgl. W. of Ockham, *Sum. log. I*, Kap. 6–7.

100. Dto.

101. Dies betrifft z.B. die Termini "Mensch" und "Menschsein" im Blick auf die Kennzeichnung Christi als Sohn Gottes; vgl. W. of Ockham, *Sum. log. I*, Kap. 7, 24 f.

102. Zu diesem Problem äußert sich Ockham ebenfalls im 7. Kapitel seiner Logik (I, 23), wobei er sowohl gegen Walter von Chatton als auch gegen die Skotistenschule Stellung bezieht, die eine formale bzw. reale Distinktion zwischen den von einem konkreten und einem abstrakten Ausdruck Bezeichneten annehmen.

103. Eine systematische Analyse dieser Sätze unternimmt Ockham in *Sum. log. II*, Kap. 19, wo er sich vor allem der Analyse des Prädikatsausdruckes zuwendet. Ockham löst das Problem des "offenen" Zeitkontextes dieser und ähnlicher Sätze durch die Aufdeckung des synkategorematischen Charakters der Numeraladverbien sowie eine Transformation des Ausgangssatzes (*aliqua variatione facta*), durch welche sich solche Sätze bewahrheiten lassen. Zur Diskussion dieser Paradigmata vgl. auch oben Kap. 75. Vgl. ferner W. Burleigh, *De supp.*, 38: Burleigh weist eine mögliche Transformation des Einbettungssatzes über einen disjunktiv-nominalen Descensus zurück. Entgegen den Ansichten der zeitgenössischen Logiker aller Schulrichtungen soll danach die Umwandlung in ein disjunktiv zerlegtes Prädikat nicht zulässig sein, m.a.W., der Terminus steht nach Burleigh in allein-konfuser Supposition.

104. Zur "uneigentlichen Supposition" vgl. oben Kap. 77.

105. Bereits im 13. Jahrhundert werden frühere "Ad-Hoc-Versuche" einer formalen Analyse universaler Sätze zu ausgearbeiteten Regelsystemen zusammengefaßt, durch deren Anwendung — vor allem auf dem Gebiet der sog. Fehlschlußanalyse (*fallaciae*) — die extensionale Gültigkeit nicht-singulärer Termini transpa-

rent gemacht werden konnte (Synkategoremata/Trans-formationen). Nachdem Burleigh, *De supp.*, 38 ff. erstmals syntaktische Regeln zur Identifizierung der allein-konfusen Supposition vorlegte, in deren Ausarbeitung vielleicht einer der wesentlichsten Beiträge seiner Suppositionslogik zu sehen ist, bemüht sich Ockham um eine noch differenziertere Analyse des "Einflußbereiches" logischer Operatoren (Synkategoremata) im Kontext komplexerer Satzzusammenhänge (Stellung des synkategorematischen Ausdruckes außerhalb/innerhalb des einbettenden Satzes). Dabei nimmt Ockham erneut Bezug auf seine Definition der einzelnen Suppositionsarten, die er durch die im Text folgenden Regelsysteme im Sinne einer formal eindeutigen Analyse zu bestätigen sucht.

106. In einer Analyse dieser Regel zur *allein-konfusen* Supposition hat H. Weidemann u.a. nachgewiesen, daß hier mit "universeller Distribution des vollständigen Subjekts eines Satzes" gemeint ist, daß das Universalzeichen einen tatsächlich als Subjekt fungierenden Ausdruck distribuiert, während im Falle der ersten Regel zur *determinierten* Supposition (Kap. 71, oben S. 69), die sich auf das Prädikat eines affirmativen Satzes bezieht, darunter zu verstehen ist, daß es den betreffenden Satz "zu einem universellen Satz macht" (vgl. S. 101). Vgl. Weidemann, H.: "*Scholasticorum taediosa circa suppositiones praecepta": Leibniz und die Problematik der Suppositionstheorie Ockhams*, a.a.O., 243 – 260

107. Zu diesen, die *pars-extremi-Regel* betreffenden Beispielen vgl. auch W. Burleigh, *Von der Reinheit*, 61 - 71, der im Anschluß an Ockham ebenfalls alle *nur ein Teil* des Satzgliedes (Subjekt/Prädikat) bildenden Synkategoremata als mögliche Operatoren der allein-konfusen Supposition ausgrenzt.

108. Vgl. hierzu auch W. Burleigh, *De supp.*, 41 – 43. Die sprachlogische Kontroverse zwischen Burleigh und Ockham läßt auf dem Gebiet dieser sog. "syntaktischen" Suppositionen keine wesentlichen Streitpunkte erkennen. Allerdings macht Ockham eher Gebrauch von der für ihn zulässigen Reduktion oberflächenstrukturell komplexer Sätze auf die ihrem Sinngehalt entsprechenden Satzaussagen (Transformationsmodell). Burleigh hält demgegenüber am Primat einer dem Wortlaut des Satzes folgenden Analyse seiner Wahrheitsbedingungen fest. Vgl. hierzu auch unten Anm. 120.

109. Die Regel konnte Ockham aus W. Burleigh, *De supp.*, 59 übernehmen; sie zählt zum Gemeingut der Tradition des 13. Jahrhunderts. Burleigh veranschaulicht die mit dieser Regel angesprochene "Fähigkeit zur Mobilisierung/ Immobilisierung" an Beispielen des universalen und partikulären Satzes. Vgl. auch oben S. 99 – 101.

110. Zur Analyse des negativ-ausschließenden Satzes vgl. *Sum. Log. II*, 17, 304. Dort heißt es, daß das Subjekt und das Prädikat

eines solchen Satzes dieselbe Supposition aufweisen wie in einem affirmativ-ausschließenden Satz.

111. Zur Theorie des exzeptiven Satzes bei Ockham vgl. *Sum. log. II*, Kap. 18.

112. Vgl. oben S. 53 f. sowie W. Burleigh, *De supp.*, 41.

113. Zur Supposition — vor allem der Prädikatsausdrücke — solcher Sätze vgl. W. of Ockham, *Sum. log. II*, Kap. 19; sowie oben Anm. 103.

114. Zur Unterscheidung dieser Begriffe vgl. auch W. Burleigh, *Von der Reinheit*, 168

115. Vgl. W. of Ockham, *Sum. log. II*, Kap. 19. Dasselbe Problem behandelt Burleigh an späterer Stelle in seiner Schrift *De puritate artis logicae. Tractatus longior* with a revised edition of the *Tractatus brevior*. Hg. v. Ph. Boehner. (Franc. Institute Publications, Text Ser. No. 9) New York. St. Bonaventure, 1955, 191 ff., wo die mit "incipit/desinit" gebildeten Sätze analysiert werden.

116. Vgl. Ockhams Anmerkungen zum "achten Einwand" seiner Gegner, oben S. 101.

117. Gemeint ist die auf die lateinischen Grammatiker zurückgehende Unterscheidung zwischen Nomen und Pronomen, wie sie die logischen Traktate des 12. Jahrhunderts in ihre Darlegungen integrieren; vgl. Donatus, *Ars minor*, 28, 32; Priscianus, *Inst. gramm.* XVII. 9, 56. Nahezu alle Werke des 13. Jahrhunderts thematisieren das Problem der Supposition von Relativpronomina. Ockhams Untersuchungen entsprechen im übrigen den Ausführungen seiner Zeitgenossen; vgl. W. Burleigh, *De supp.*, 43 ff.; *Von der Reinheit*, 81 ff.

118. Vgl. oben S. 75, 101. Die Analyse der uneigentlichen Supposition setzt eine ausgearbeitete Theorie des metaphorischen Gebrauchs sprachlicher Ausdrücke voraus, die ihre Wurzeln in der antiken Rhetorik hat. Sie dient einer Abwehr von Fehlschlüssen durch äquivoken Sprachgebrauch (*fallaciae aequivocationis*). Wurde dieser Bereich ursprünglich dem Gebiet der lateinischen Grammatik zugewiesen, so sind es zum erstenmal sprachlogische Traktate des 12. Jahrhunderts, die auf die notwendige Einbeziehung auch außerpropositionaler Kontexte für das Verständnis eines äquivoken Terminus aufmerksam machen. Vgl. auch W. Burleigh, *De supp.*, 53 f.

119. Vgl. auch oben Anm. 83. Walter Burleigh nennt im übrigen die gleichen Beispiele: "*Der Bug befindet sich im Meer*" (Synecdoche); "*England kämpft*" (Metonymie). Die Bedeutungsveränderung eines äquivoken Terminus, d.h. die Umkehrung des "üblichen" Sinngehaltes eines Satzes, wird in der antiken Rhetorik im Rahmen der sog. "Tropenlehre" abgehandelt (Trope = bildlicher Ausdruck). Danach sind äquivoke Ausdrücke bestimmten semantischen Präzisierungen zu unterwerfen, mittels

derer abweichende Bedeutungen ausgeschlossen werden können. Zur Identifizierung des "uneigentlichen", d.h. metaphorischen Sprachgebrauches ist die abweichende Verwendung
eines Terminus z.B. vor dem Hintergrund eines bestimmten li-
terarischen, sozialen oder religiösen Kontextes zu prüfen. Die
Analyse der "uneigentlichen Supposition" will darauf aufmerksam machen, daß nicht bei jedem Terminus ein per se unver-
änderlicher semantischer Gehalt angenommen werden darf,
sondern die letztlich gültige Verweisungsfunktion erst durch
Einbeziehung des erweiterten Redekontextes erschlossen werden kann. Die betrifft vor allem metaphorische Gebrauchsfor-
men religiöser Sprache sowie Äquivokationen des Bibeltextes.

120. Bemühte sich Burleigh um eine Ausgrenzung der abweichenden Sinngehalte äquivoker Termini, um sie danach als quasi
univok erfassen zu können (Ideal des eindeutigen Sprachgebrauches), so zieht Ockham diesen Primat sprachlicher Univozität grundlegend in Zweifel. Vielmehr erklärt er den semantisch
abweichenden Gebrauch konventioneller Ausdrücke (vgl. Ockhams Sprachebenenmodell, oben Anm. 2) zum Regelfall sprachlicher Verständigung, wobei die daraus folgende Differenzierung
zwischen "Sprachgebrauch" und "wörtlichem Sinn" zu den
vornehmsten Aufgaben des Logikers gehört. Die Gefahr, daß
ein äquivoker Ausdruck in wechselnden Kontexten invariant
ausgelegt wird, macht es z.B. notwendig, auch bei autorisierten
Lehrsätzen immer dann die "Sprecherintention" zu befragen,
wenn sie sich nicht ihrer Oberflächenstruktur nach bewahrheiten lassen (vgl. hierzu auch die entsprechende Verurteilung
dieser Position im sog. "Pariser Nominalistenstatut" von 1340.
In: Paqué, R.: *Das Pariser Nominalistenstatut. Quellen und
Studien zur Geschichte der Philosophie des 14. Jahrhunderts,*
a.a.O., 8 – 10). Daß es überhaupt äquivoker Ausdrücke bedarf,
folgt nach Ockham aus dem Ziel "sprachlicher Ökonomie",
nicht für jede abweichende Bedeutung stets neue Sprachzeichen konventionell vereinbaren zu müssen.

INDEX DER LATEINISCHEN TERMINI